수도원 일기

수도원 일기

1판 1쇄 2014. 12. 31
1판 2쇄 2015. 12. 2

글쓴이 성바오로수도회
펴낸이 서영주
총편집 한기철
편집 김준모, 손옥희, 김정희 **디자인** 강은경
제작 김안순 **마케팅** 김용석 **인쇄** 영신사

펴낸곳 성바오로
출판등록 7-93호 1992. 10. 6
주소 서울특별시 강북구 오현로7길 20(미아동)
취급처 성바오로보급소
전화 944-8300, 986-1361
팩스 986-1365
통신판매 945-2972
E-mail bookclub@paolo.net
www.**paolo**.net
www.facebook.com/**stpaulskr**

값 12,000원
ISBN 978-89-8015-857-7
교회인가 서울대교구 2014. 12. 2 **SSP** 1007

© 성바오로수도회, 2014

이 도서의 국립중앙도서관 출판예정도서목록(CIP)은 서지정보유통지원시스템 홈페이지(http://seoji.nl.go.kr)와 국가자료공동목록시스템(http://www.nl.go.kr/kolisnet)에서 이용하실 수 있습니다. (CIP제어번호 : CIP2014036420)

이 책은 저작권법의 보호를 받으므로 무단전재와 무단복제를 금합니다.
이 책 내용의 전부 또는 일부를 재사용하려면 반드시 저작권자와 성바오로출판사의 동의를 얻어야 합니다.

말씀을 살아가는
형제들이 일상에서 느끼는
단상들과 깨달음

수도원 일기

성 바 오 로 수 도 회
글 · 사 진

차 례

우리 집은요 • 007

수도원에 들어오기 전에는요 • 013

수도원 풍경 • 025

살며 생각하고 느끼며 · 037

성탄을 기다리며 · 12월 · 1월 · 2월 · 3월 · 4월 · 5월 · 6월 · 7월 · 8월 · 9월 · 10월 · 11월

그리고 · 261

우리 집은요

군대를 크게 육군, 공군, 해군으로 나누듯 수도회는 관상 수도회와 활동 수도회로 나누어 볼 수 있답니다. 세상과의 왕래를 자제하면서 오로지 기도에만 전념하는 수도회를 관상 수도회라고 합니다. 반면 고아를 돌보거나 임종을 준비하는 이들을 위해 봉사하는 등의 사도직을 행하는 수도회를 활동 수도회라고 합니다. 육군도 그 보직에 따라 보병, 포병, 공병 등이 있듯이 활동 수도회도 그 활동에 따라 여러 수도회로 나뉩니다. 저를 포함해서 이 책의 일기를 쓴 수사님들이 지내는 수도회는 활동 수도회에 속합니다. 그럼 우리 집, 즉 성바오로수도회를 먼저 소개해 볼까요?

　우리 집을 지은 분은 당연히 스승 예수님이시지요. 예수님께서 이 집을 짓기 위해 도구로 선택하신 분이 복자 야고보 알베리오네 신부님이세요. 알베리오네 신부님은 우리 집이 성체에서 태어났다고 하셨어요. 그래서 우리는 매일 성체 조배를 한답니다. 알베리오네 신부님은 훌륭한 건축가이셔서, 우리 집 말고도 성바오로딸수도회, 스승예수의제자수녀회, 선한목자예수수녀회, 사도의모후수녀회를 비롯해, 재속회인 예수사제회(교구 신부를 위한), 성마리아영보회(미혼 여성을 위한)와 대천사가브리엘회(미혼 남성을 위한), 성가정회(부부를 위한), 협력자회 등등 많은 집을 지으셨어요. 이들 모두를 우리는 '바오로 가족'이라고 부른답니다. 특히 이 일기에 종종 등장하는 수녀님들은 스승예수의제자수녀회 수녀님들인데요, 수녀님들이 하시는 일 즉 사도직 중에는 성바오로수도회에서 어머니 역할로 봉사하는 일이 있어요. 본당에 수녀원이 있듯이 미아리에 있는 성바오로수도회 안에 스승예수의제자수녀회의 분원이 자리하고 있답니다. 성바오로수도회는 책과 잡지, 영화, 라디오, 인터넷 등 다양한 사회 커뮤니케이션 매체를 통해 복음을 선포하는 일을 한답니다. 1914년 이탈리아 알바에서 시작되었고 한국에는 1962년에 들어왔습니다. 현재는 서울뿐만 아니라 수원, 부산, 제주에도 성바오로수도회 공동체가 있답니다.

일기를 쓴 이들을 소개합니다

수도원에 입회한다고 저절로 예수님을 닮은 멋진 수도자가 되지는 않습니다. 수도자가 되기 위한 배움의 과정이 있답니다. 수도원에 갓 입회해서 보내는 첫 시기를 '지원기'라고 합니다.

한 해 남짓한 지원기를 보내고 나면 '청원자'가 됩니다. 지·청원기 때는 본인의 성소를 확인하고 다지게 됩니다. 그런 다음에 '첫 서원'을 준비하는 '수련자'가 됩니다. 수련기 때는 각 수도회에 맞는 수도자로서의 삶이 무엇인지에 대해 배우게 되는데 수련기를 마치고 첫 서원을 한 이들을 '유기 서원자'라고 합니다. '유기'라는 호칭에서 짐작되듯이 1년이라는 기한이 정해져 있는 약속을 한 이들을 유기 서원자라고 하며, 수련기 때 배운 바를 몸에 익히며 자신의 성소를 살아가기 위해 필요한 공부를 한답니다. 몇 차례 유기 서원을 갱신하고 나면 생명이 다할 때까지 하느님의 제자로, 사도로, 수도원의 식구로 살겠다고 약속을 하는 '종신 서원자'가 됩니다. 종신 서원 이후 성직을 지망한 형제들은 부제품과 사제품을 받는답니다. 종신 서원자는 예수님 앞에서 끝없이 배우고 또한 온몸으로 익혀 나가는 수도자라 할 수 있어요. 종신 서원을 한다고 해서 성인聖人이 되지는 않아요. 아직은 성인들의 발치에 이르지 못했기에 수도자들에게는 많은 이들의 기도가 필요하답니다.

성바오로수도회에 사는 수도자는 하루를 성무일도와 미사 그리고 묵상으로 시작합니다. 이렇게 마음의 양식을 얻은 후 아침을 먹고 각자 맡은 소임에 따라 사도직을 합니다. 때로는 자신에게 주어진 소명을 충실히 살기 위한 별도의 학교 공부를 하기도 한답니다. 하루해가 기울어 갈 즈음 저녁 성무일도와 성체 조배를 하며 하루를 마무리합니다. 저녁 식사 후에는 내일을 맞이할 준비를 하면서 각자의 시간을 갖습니다.

「수도원 일기」는 한 명이 아니라 성바오로수도회의 많은 수사님들이 10년이 넘는 시간 동안 수도원 홈페이지에 남긴 기록들을 선별·편집하여 만들어졌습니다. 한 명의 관점이 아닌 다양한 시선이 담겨 있기에 이 일기를 통해서 수도자들이 만들어 내는 삶의 다채로움을 맛볼 수 있을 것입니다. 하느님께서 우리를 부르실 때 단 하나의 방법이 아니라 각자의 모습에 따라 부르시기에 그렇겠지요. 이 일기를 읽고 난 다음 끊어지는 맛 때문에 아쉬움이 남는다면 성바오로수도회 홈페이지(www.paolo.or.kr)에 마련된 수도원 일기 코너에서 더 풍성한 내용과 함께 아쉬움을 달래 볼 수도 있을 것입니다.

책 중간중간에 바오로 가족이 함께 바치는 기도서에 있는 기도 몇 개를 골라 실었습니다. 이 기도를 보다 많은 이들과 함께 바칠 수 있다면 참 좋겠습니다.

수도원에 들어오기 전에는요

시집가는 남자 2월 13일

방학 동안 머물렀던 미아리 공동체를 떠나 학기 중에 지낼 수원 공동체로 가기 위해 다섯 상자면 충분한 이삿짐을 꾸렸다. 우리 집이 없어 어린 시절부터 이사를 자주 다녔지만 아직은 이삿짐 정리하는 일이 그리 편하지 않다.

   어린 시절, 이사하는 날이면 어른들의 걸림돌이 되지 않기 위해 한곳에 조용히 있어야 했다. 제 몫을 할 수 있었던 이사는 우리 집으로 이사를 했을 때이다. 그때는 내 키가 부모님을 훌쩍 뛰어넘었을 때이다. 자주 이사를 다녔기에 이사에 대한 기억이 많다. 그중에서 나만의 짐을 챙겨서 부모님과 누나와 함께 살던 집을 떠나 예수님의 집인 수도원으로 이사한 날이 선명하게 기억난다.

   그날은 아침이 오는 것이 왠지 서운했다. 그래서 아침이 오는 것을 억지로라도 늦춰 보고자 이불을 뒤집어쓰고 눈을 꼭 감았지만 마음과는 다르게 머리는 자꾸 맑아져만 갔다. 할 수 없이 일어나 동녘이 밝아 오는 창을 멀거니 바라보았다.

   여느 날과 같이 어머니는 출근하기 위해서 현관에서 신을 신고 계셨다. 어머니를 바라보며 큰절을 드려야 한다고 생각했지만 큰절을 하면 눈물이 왈칵 쏟아질 것만 같아서, 너무 멀리 떠나는 것처럼 느껴져서 잘 다녀오시라는 인사만 했다. 다른 날과 다르지 않게, 오늘도 어제와 같은 날처럼, 내일도 그럴 것처럼 그렇게 인사를 했다.

수도원 일기 ✽ 수도원에 들어오기 전에는요

어머니를 보내고 방으로 돌아와 아침을 맞이했다. 방에 있는 모든 것에서 아쉬움이 묻어났다. 잠을 청하던 내 방, 즐겨 듣던 음악 CD들, 책장에 꽂힌 책들, 책장 한쪽에 열 맞춰 서 있는 군인 피규어들과 로봇들. 오늘이 지나면 다시 볼 수 없을지 모르는 것들이기에 그 아쉬움은 쉽게 가시지 않았다. 특히 책상에 있던 십자가와 아기 예수상은 어머니께서 주셨기에 더 마음이 쓰였다.

얼마 되지 않지만 주머니에 있는 돈을 모두 꺼내 아기 예수상 밑에 카드 하나와 함께 넣어두었다. 언제 발견될지 모르지만 조금이라도 도움이 되기를 바라며 넣어 두었다. 집을 떠나기 전에 해 줄 것이 딱히 없었기 때문이기도 하다. 아들이 하나인 집에, 일을 다니던 그 아들이 집을 떠나기에 꼬깃꼬깃 접어둔 만 원짜리 몇 장과 서툰 글씨로 적어 놓은 카드는 아직도 잊히지 않는다.

이사를 해야 하기에, 마음이 가는 곳으로 떠나야 하기에 일어났다. 그날은 누나가 나를 위해 일을 쉬었다. 누나가 차려 준 밥상을 받았다. 누나와 마주한 밥상, 매일매일 먹던 밥이 왜 그리 넘어가지 않던지, 얼마 먹지 못하고 상을 물렸다. 집 떠난다는 것이 이런 것인지 전에는 몰랐다.

어머니가 일터에서 돌아오셨다. 아들이 오늘 이사를 가기에 서둘러 돌아오셨다. 곧이어 손주들 가운데서도 유독 나를 예뻐해 주시던 할머니와 동생이 없어 친동생처럼 나를 챙겨 주던 사촌 형이 왔다. 두 분의 방문은 이제 정말 이사를 가야 할 시간이 다 되었다는 신호였다.

사촌 형과 짐을 차에 실었다. 짐을 싣는 동안 며칠 전의 일이 생각났다. 짐 담을 상자를 얻기 위해 집 앞 작은 가게에 갔다. 종이 상자 몇 개를 구할 수 없느냐고 묻자 주인은 이사를 가느냐고 물었다. 그렇다고 대답하고 상자를 몇 개만 집었다. 그 모습에 주인은 이사를 간다면서 상자를 왜 그렇게 조금 가져가느냐고 물었다. 그냥 웃으며 이거면 충분하다고 하며 돌아왔다.

차에 짐을 다 싣고 출발했다. 시장에 잠시 들러 떡을 찾았다. 본당 수녀님께서 이사 가는 곳에 찰떡처럼 붙어 있으라고 해 주신 떡이었다. 그 떡을 두 팔로 감싸 안고 차에 자리 잡고 앉았다. 앞으로 함께 살아갈 이들에게 돌릴 떡이기도 했다.

점점 동네를 벗어나 큰길로 나갔다. 멀어지며 작아지는 우리 동네, 우리 집. 언제 다시 볼지 모르지만 그때까지 잘 있으라는 인사를 마음으로 한다.

차 안은 조용했다. 그저 차가 밀려 느릿느릿 가기를 바랐다. 예수님께서도 내 마음을 알아주시는 듯 상습 정체 구간을 지나가게 되었다.

새 집에 도착했다. 먼저 와서 살고 있던 분들이 반겨 주며 짐 내리는 것을 도와주고 앞으로 내가 묵게 될 곳으로 안내해 주었다. 어머니도 자식이 지내게 될 곳을 둘러보셨다. 방에 햇볕은 잘 드는지, 이불은 따뜻한지, 같이 지내게 될 식구들은 어떤지를 살펴보셨다. 그리고는 안심이 되셨는지 식사도 같이 안 하시고는 그냥 가 버리셨다. 그렇게 떠나는 어머니가 내심 섭섭했지만 자식으로서는 짐작하지 못할 어머니 나름의 이유가 있겠지 여기며 스스로 위로했다. 어머니를 떠나보내자 함께 살아갈 이들이 눈에 들어왔다. 방으로 올라와 이삿짐을 정리했다. 아직 낯선 방에서 설렘과 떨림으로 첫날 밤을 보냈다. 나만의 첫 이사는 그렇게 마무리되었다.

그날의 기억은 아직도 이렇게 또렷하게 남아 있다. 무엇보다 익숙한 삶의 자리를 떠나 하느님의 집으로 시집온 그날은 내 삶에 있어서 한 획을 긋는 날이었기에 내 마음에 아로새겨져 있다.

어머니를 그리는 아들 9월 27일

"네가 커서 돈 벌고 어른 노릇 하며 살 수 있을거나."
중학생일 때 어머니께서 마루에 앉아 있는 나를 건너다보시며 말씀하셨던 기억이 납니다. 하도 어릿보기라 철도 없고 또 작기도 했으니 걱정스러우셨을 테지요. 그러던 내가 커서 어른이 되었습니다. 어머니의 말씀이 늘 기억에 남아 있어서 뒤에 어머니께 "그때 그런 말씀하셨지요?" 하고 여쭈어 보면 싱긋이 웃곤 하셨습니다. 어머니와 아들은 참 각별한 관계인 것 같습니다. 수도원에 올 때 어머니는 아무 반대도 안 하셨지만 가끔 밤에 깨면 어머니께서 혼자 울고 계시다는 것을 알 수 있었습니다. 늘 나를 믿어 주셨던 어머니는 수도원에 간다는 내 결정도 "네가 결정한 건데 잘할 수 있을 거야."라고 믿어 주셨지요. 하지만 마음으로는 너무 섭섭하셔서 밤에 몰래 우셨던 겁니다.
오늘 복음에서 예수님이 어머니 마리아를 제자 요한에게 맡기는 대목을 봅니다. 이 부분을 대할 때면 가슴이 아픕니다. "여인이시여, 이 사람이 어머니의 아들입니다." "이분이 네 어머니시다." 자신의 죽음 앞에서 어머니를 걱정하시는 예수님의 마음이 그대로 느껴지는 듯합니다. 로사리오 중에 영광의 신비 4단과 5단을 바칠 때면 늘 잠깐 동안 어머니를 생각합니다. 누구에게나 예수님과 마찬가지로 어머니가 계십니다. 우리를 위해 자신을 희생하시는 어머니를 보면서 누구나 성모님을 떠올릴 수 있을 테지요. 어머니의 아들인 우리가, 어머니 성모님의 아들이셨던 예수님처럼 살아갈 수 있기를 이 밤에 빌어 봅니다. 고통의 어머니 성모여, 저희 아들딸들을 위해 빌어 주소서. 아멘.

아버지를 그리는 아들 10월 16일

날씨가 많이 쌀쌀해졌습니다. 수도원 안에 있으면 유난히 기온이 더 낮은 것 같습니다. 이상하게도 수도원 문 밖에 나가면 따스한데 안에 있으면 추워요. 저는 추위를 잘 안 타는 편이었는데 이제는 조금씩 추위를 타나 봐요. 이렇게 날씨가 싸늘해지면 옛날 아버지와의 추억이 생각납니다.

   아버지 고향인 마산에를 간 적이 있었지요. 막차를 타고 갔기에 도착하니까 새벽이었어요. 날씨가 어찌나 춥던지 온몸이 사정없이 떨렸습니다. 아버지도 마찬가지셨죠. 마산역 앞에 포장마차가 있었는데 그 안에서 아버지와 나란히 앉아서 우동을 먹었습니다. 무뚝뚝하던 아버지에게서 정말로 오래간만에 따스한 정을 느낄 수 있는 시간이었지요. 입회할 때도 무뚝뚝하게 "잘 살아라."고만 말씀하셨던 아버지. 섭섭했었죠. 아들이 수도원에 들어가는데 말이죠. 하지만 그 누구보다도 많이 기도해 주시고 걱정하신다는 것을 압니다.

언제 시간을 내서 아버지와 포장마차에서 이번에는 소주 한잔 해야겠습니다. 밤새 아버지와 이야기를 하고 싶습니다. 그리고 아버지께 사랑한다고 말하고 싶습니다. 아버지께서도 나를 사랑하신다고 말씀하시겠죠?

성당에서 뛰어놀던 아이 5월 8일

외할머니의 강력한 말씀에 이끌려 초등학교 5학년 시절에 성당에 처음 나가게 되었다. 가난하고 불안했던 집, 그래서 이리저리 휘말려 다니며 겪은 두려웠던 세상과 달리 성당은 차분한 분위기였다.

성당 대문 위에 서 있던 사도 바오로상이며, 바닥이 나무로 된 성당 안에 신을 벗고 들어가 경건한 마음으로 앉아 있었던 기억, 첫영성체 때 붉은 포도주인 성혈을 찍은 성체가 너무 붉게 보여서 정말 피를 찍어 성체를 영하는 줄 알고 놀란 가슴, 성모의 밤 행사 때에 모든 신자들이 촛불을 들고 열을 지어 읍내 중심가를 돌며 묵주 기도를 드렸던 추억, 시위대를 진압하기 위해 전경들이 밀고 왔으나 성당 대문 안으로는 들어오지 못하고 안절부절못하던 전투 경찰들의 모습 등등 내게 있어서 성당은 한마디로 모두가 신비롭고 평안함 그 자체였다. 특히 시위대를 진압하기 위해 전경과 시위대가 맞붙었다가 성당 대문을 경계로 공방전을 벌이고 있을 때 나는 성당 안쪽에서 그 광경을 보았다.

누구도 침범할 수 없는 곳에 내가 서 있다는 느낌은 집 없이 이곳저곳으로 이사를 다니던 나에게 어떤 확신을 주었고 그분은 앞으로도 계속해서 나를 보호하는 분으로 남아 있게 되었다.

토끼를 용서하기 힘든 아이 5월 29일

1985년 여름을 생각해 본다. 어린이 미사를 마치고 집에 돌아오자 목이 늘어난 헐렁한 면장갑을 끼고 낫과 호미들을 챙겨서 동생과 사촌 동생들과 함께 리어카를 끌고 토끼풀을 뜯으러 방죽(방천) 끝으로 갔다. 동생들은 호미로 질경이며, 크로버며, 잡풀들을 뿌리째 캐고, 나는 낫을 들고 이것저것 넝쿨들을 베기 시작했다. 그곳은 뙤약볕인데 그늘도 없어서 짜증스러움이 올라오고 있었다. 그럼에도 온몸으로 낫질을 해 댔다. 그러다가 손을 슬쩍 베었다. 헐렁한 장갑 속에 피가 맺히기 시작했다. 몸이 후끈거려 앉아서 피가 멎을 때까지 기다렸다.

그날은 주일이었다. 오전에 성당에 갔는데, 주일 학교 선생님이 미사 끝나고 신앙 학교가 있으니 성당에 남아서 함께하자고 했다. 하지만 나는 그럴 수 없었다. 나만이 아니라 동생들도 마찬가지였다. 성당 애들과 함께 성당 마당에서 물놀이도 하고, 퀴즈 게임도 하고, 상품도 타고 싶었지만 토끼풀을 뜯으러 가야 하기에 아쉽지만 그냥 돌아서서 성당을 빠져나와야 했다.

그러나 그날만 곧장 집으로 갔던 것은 아니었다. 나는 외갓집에서 자랐는데, 널찍한 마당을 중심으로 ㄷ자 모양으로 토끼장이 촘촘히 세워져 있었다. 외할머니는 토끼를 평균 100여 마리 정도 키우셨는데, 여름철에는 140여 마리까지 늘었다가 겨울이 되면 50여 마리까지 줄어들었다. 그동안에 토끼들을 장에 내다 팔거나 잡아먹었다. 토끼들의 먹성이 얼마나 좋은지 여름에는 리어카로 매일 풀을 해다 날라도 모자랄 정도였다. 장이 서는 날에는 배추 잎사귀와 무청을 얻으러 장바닥을 뒤지다시피 하며 외할머니를 따라다녀야 했고, 또 틈만 나면 동네 방앗간에 가서 누런 쌀겨를 얻어 와야 했다.

그런데 여름 방학 중에 서울에서 사촌 형제들이 외갓집에 놀러 왔다. 그들은 토끼들을 보며 무척 귀여워하고 사랑스러워했다. 나는 토끼를 좋아하는 그들이 싫었다. 토끼를 보고 사랑스러워하며 풀을 주는 그들이 못마땅했다. 토끼가 귀엽기는커녕 토끼를 보며 즐거워하는 그들을 쏘아보았다. 나는 화가 치밀어 올라 괜한 토끼장을 발로 걷어차 버렸다.

왜 똑같은 외손자들인데 저들은 뙤약볕에 나가지도 않고 시원한

미숫가루를 타 먹으면서 마루에서 재잘재잘 재미나게 뒹굴고 있고, 나는 저 하찮은 토끼들 배를 채우느라 이 고생을 해야만 하는가. 그때 속으로 꿍한 마음이 들었지만 뭐라 말도 못하고 있는 사이에 그들은 서울로 돌아갔다.

나는 괜히 시무룩하게 지냈다. 그런데 장마철이 다가오기 전에 외할머니는 텃밭에 거름으로 쓴다고 건너편 장애인 집에 가서 오줌을 받아 오라고 하셨다. 나는 그동안 북받쳤던 울분을 터뜨렸다. 왜 나만 이렇게 고생을 해야만 하는지, 나도 그때 그 애들과 함께 시원한 미숫가루도 먹고 이야기도 하고 싶었는데…. 그런데 그들 앞에서 나만 미워하기라도 하듯 외할머니는 지저분하고 냄새나는 일거리만 잔뜩 주시고, 큰 소리로 떠들지도 못하게 윽박지르시고…. 나는 못하겠다고 말했다. 이제는 정말 하기 싫다고 말했다. 그러자 외할머니는 내게 회초리를 드셨다. 그리고 나는 울며 성당으로 뛰어갔다.

수도원 풍경

햇볕이 좋다 2월 3일

햇볕이 좋다
봄이 오는가 보다
새근새근 땅도 숨을 내쉬고
힐끔힐끔 잎새도 눈치를 본다
내 가슴도 깜빡깜빡
양지바른 담벼락 밑에서 졸고 있다

아,
엄마!
:
:

햇볕이 좋다

민들레 4월 6일

개나리보다 더 노랗게, 노랗게.
파아란 잎사귀에
노오란 꽃잎이 활짝 피었습니다.
뽐내기라도 하듯이.

하지만 키가 작아서 아무도 얼굴을 맞대고 부벼 주지 않습니다.
우람한 벚나무 밑에 모여서 담소를 즐기고,
하얀 목련 나무 밑에서 노래를 부르면,
새콤한 봄바람이 불어와 꽃잎과 함께 춤을 춥니다.
수도원 마당 한쪽 구석에
외로이 고독을 즐기는 민. 들. 레.
고독한 만큼 희망은 가슴으로 부풀고, 부풀고.

먼 타향으로
민들레 홀씨 되어 날아갈 때까지
좀 더 알찬 낱알에,
좀 더 큰 날개를 달 수 있도록,
오늘도 민들레는 양지바른 곳에서
착실히, 착실히 땀을 흘립니다.

꽃 소식, 하느님 소식 4월 15일

수도원 마당에 꽃들이 만개했다.
목련, 벚꽃, 진달래…
마치 환한 불이 켜진 것 같다.

"봄 저녁 한 시각은 천 냥에 값하나니
꽃에는 맑은 향기 달에는 그늘…"
옛 시인의 시귀가 떠오른다.

부질없이 수많은 일들에 쫓겨 다니느라
정작 이렇게 고운 하느님 소식에 눈 열고 귀 열 줄 모른다면
이 또한 독성죄가 아니랴, 그런 생각이 든다.

내일 저녁에는 이 꽃그늘에서 서성이며 나무에게 속삭여 봐야지,
설레는 마음으로.
"나무야, 하느님 이야기를 들려주렴…" 하고.

식구가 된 손님   4월 23일

손님들이 찾아왔다.
집 안 이곳저곳을 살피더니
양지바른 몇 군데에 자리를 깔고 앉았다.

이 손님은 오래전에 한 수사님으로부터
우리 집에 초대받은 꽃잔디다.
손님으로 찾아왔지만

늘 한자리에서 밝은 모습으로
우리를 기다리며 맞이한다.
꽃잔디는 이런 미덕을 통해서 우리와 한 가족이 되어 간다.

새로 찾아온 손님 아니 식구의 모습이
어떤 분을 연상하게 한다.

성모님의 꽃　5월 19일

한낮에는 25도를 웃도는 여름 날씨가 이제는 적응이 되나 보다. 아침에는 바람 한 점 없다가 해 질 녘이 되면 어느덧 불어온 바람이 아카시아 가지를 흔들어 꽃잎을 날린다.
　한동안 그늘에서 움츠리고 있던 성모상 앞의 들장미 한 송이가 기운을 차리고 꽃을 피웠다. 활짝 피었다. 혹시 수사님들이 5월 중 매일 성모님께 노래를 봉헌하는데, 이 모습이 장미의 마음을 움직였을지도 모를 일이다. 사랑하는 마음이 한결같으니 이에 응답한 것이 아닐까? 성모님께 봉헌하는 마음으로 사진을 한 장 찍어 뒀다.
　바람 한 점 없는 고요한 아침, 아카시아 그늘 아래 성모님과 아기 예수 그리고 이슬방울 달린 싱그러운 장미 한 송이가 카메라 속으로 들어왔다.

뒷동산에서 6월 25일

미아리 본원에 와서 동산 언덕에 앉아 있다.
소나무와 대나무들이 빗겨 서서 하늘이
드문드문 보이는 조용한 그늘.
물론 아무 소리도 들리지 않는 그런 고적함은 아니다.
귀 기울이면 바깥 공사장에서 땅땅 망치 소리도 들리고
동네 골목에서 애들 노는 소리도 들리지만
소란함이 실은 내 속의 소란함 때문이라는 걸
이제는 안다.

본래 수도원 뒷산은 꽤 넓었지만 도로가 뚫리며
반 이상이 없어지게 되어 버렸다.
덕분에 해마다 수련자들이 농사를 짓던 밭도
초여름에 빨갛게 열리던 산딸기 수풀도,
절로 생겼다 절로 없어지던 싸리나무 수풀도
볼 수 없게 되었다.

숲이 사라지면 숲 그늘에 와 새소리를 듣는 조용한
사람들도 함께 사라질까 두렵다.
동산 소나무 그늘에 앉아 걱정에 잠긴다.

조화, 완벽한 조화 6월 30일

조화!
보이는 저 삼각산 푸름하며
느끼는 저 한 뭉치 하얀 구름 아래로 살랑이는 바람하며
들리는 딱따구리 나무 쪼는 소리가 조화로운 곳.

완벽한 조화!
보이는 저 뾰족한 삼각산 아래로 거칠게 솟아오른 회칠한 아파트하며
맡아지는 저 한 뭉치 구름 아래로 일렁이는 아스팔트 매연하며
나무 쪼는 딱따구리 소리와 흡사한
길 건너 초등학교에서 아이들 떠드는 소리가
함께
완벽한 조화를 이루는 곳.

초록빛 마음 7월 17일

마당을 서성이다가 현관 계단에 눌러 앉았다.
향나무와 화단 사이를 쉼 없이 오가며
늦도록 조반을 챙겨 먹는 참새들이 마냥 즐겁다.
흠뻑 내린 비 덕분에 풍성해진 화단에서

입맛대로 골라먹는 재미가 있나 보다.
한 마리가 높이 솟구친 전봇대 끝
가로등 구멍 속에 들어앉는다.

하얀 구름이 뭉게뭉게 피어올라 산 중턱에 걸쳤다.
검푸른 산을 더욱 검게 칠해 놓은 하얀 구름은
그림자를 몰고 바람이 부는 대로 여행을 떠난다.
구름이 떠나간 자리엔 햇빛에 푸르른 눈부신 초록빛.
겹겹이 타고 흐르는 계곡 물도 초록빛.
그 물길을 잡고 발을 담글까.

어느새 마음도 초록빛으로 물든다.

화단에서 만난 천사 10월 2일

화단에 무리지어 촘촘히 어우러져 있는 국화
눈을 맑게 씻어 주고 마음을 선하게 닦아 주는
하늘의 이야기를 들려주는 천사를 발견한다.

봄부터 잡초들과 달음질을 한 국화는
모가지를 늘여 허리마저 잘록하다.

길쭉해진 허우대 위로
노오란 이를 드러내며 방긋 웃는 꽃봉오리

홀로 서 있는 옆구리로 낙엽이 스친다.

풍경　11월 6일

빗방울이 마당을 톡톡
무거운 잠 뒤척이며 엉긴 머리
아침 운동 나온 달팽이가 인사한다.

며칠 비가 와서 그런지
아침 기도 시간에 흐르는 침묵에 엄습한 기운마저 감돈다.
하루 종일 내린 비에 가벼운 산책도 거르고 가만히 창밖만 바라본다.
현관문을 열고 직접 다가가면 깜짝 놀라 달아날 참새들도
아무런 두려움 없이 비를 맞으며 제 할 일을 한다.

까까머리 향나무 민머리가 연신 웃자라 올라 파르르 떠는 모습도
곧 앙상해질 몸에 적응하느라 한참 울적해야 할 벚나무도
피정하는 내 마음에 들어오니 모두가 그분의 축복이다.

살며 생각하고 느끼며

성 탄 을   기 다 리 며

벌써 성탄을 11월 17일

예수님을 기다리는 마음이 담길 대림환과 아기 예수님의 보금자리인 구유 준비를 위해서 고속터미널 지하상가에 갔습니다. 오~! 놀랍더군요. 벌써 크리스마스에 관한 모든 것이 완벽하게 준비되어 있었습니다. 각종 나무와 꽃, 장식 재료들… 정말 새롭고 신기했습니다. 예수님의 탄생을 이렇게 아름답게 꾸며 기뻐할 수 있다니…. 올 성탄절 구유와 대림환에 대한 아이디어를 조금 얻어서 돌아왔습니다. 오늘 본 것들만큼 화려하게 할 수는 없더라도 소박하지만 따스하게 만들어 볼까 합니다. 벌써 성탄절의 기쁨을 그려 봅니다.

청원서 내는 날 11월 24일

첫 서원을 위한 청원서를 냈습니다. 지·청원기에 쓸 때와는 또 다른 기분이었습니다. 함부로 쓰지 못했습니다. 생각하고 또 생각하고 기도하고 또 기도했습니다. 그렇게 어렵게 청원서를 작성했으나… 참다운 그리스도인으로서, 아니 성숙한 인간으로서도 턱없이 부족한 내가 과연 바오로인으로서 살아갈 수 있을까 걱정이 앞섭니다. 그리스

도 향기 그윽한 바오로인, 과연 그날이 언제쯤 올지 초조해집니다. 그러기에 더욱 그분께 매달립니다.

마지막 밤… 11월 31일

11월의 마지막 밤입니다. 의미를 부여한다는 것은 참 중요한 역할을 하는 것 같습니다. 오늘도 그냥 지나가는 하루에 불과하지만 11월의 마지막 날이라는 의미를 부여함으로써 전혀 다른 느낌을 주니까요.

   12월은 예수님께서 오시는 달입니다. 사랑하는 임을 기다리는 이가 거울 앞에 서듯이 예수님께서 오심을 기다리면서 1년 동안 걸어온 길을 되돌아봐야겠습니다.

하루를 거룩히 지내기 위하여

사랑스럽고 부드러우신 어머니 마리아님,
제 머리 위에 당신의 거룩한 손을 얹으시어
제 지성과 마음과 오관을 지키시고
죄에 떨어지지 않게 하소서.
제 생각과 감정, 말과 행동을 성화시키시어
나의 하느님이며 당신의 아들이신 예수님과 당신께
기쁨을 드릴 수 있게 하시며,
당신과 함께 하늘나라에 들게 하소서.
예수 마리아님 성부와 성자와 성령의 이름으로
저에게 강복하소서. 아멘.

(「바오로 가족 기도서」 32쪽)

1 2 월

김장하는 날 12월 1일

김장을 했습니다. 배추 동산이라고 부를 만큼 많은 양의 배추였습니다. 많은 자매님들이 봉사해 주셔서 무사히 마칠 수 있었습니다. 맑은 하늘 아래에서 이웃들이 함께 도우면서 웃을 수 있어서 그리 고단하지는 않았습니다.

  옛날에는 이웃 간에 서로 도와주는 풍습이 있었잖아요. 그런 풍습이 생긴 것도 서로 도우면서 나누는 기쁨의 맛을 알았기 때문이 아닐까 해요. 오늘 함께해 주신 모든 분들께 감사드립니다. 수도회에 오시면 맛있는 김치 대접해 드릴게요!

얼어붙은 마음 12월 4일

신학교에 가려고 수도원을 나와 전철역을 향해 걸어가는 동안 좀 더 두둑하게 입고 나올 걸 후회하면서 주위를 둘러보았다. 멀리 북한산의 하얀 봉우리가 눈에 들어왔다. 주일 아침 눈이 오는 것을 보았지만 금방 녹아서 눈이 왔다는 걸 잊었다.

  시험 기간이라서 그런지 주위의 변화에 둔감하다. 세상의 변화에 둔감하다는 건 어찌 보면 세상의 아픔에도 미련하리만큼 무관심하다는 표지일지도 모른다. 광화문에서 연일 촛불 시위가 계속되고 있다는 소식을 뉴스를 통해서, 다녀온 형제들을 통해서 듣지만 아직까지는 동참하고 싶은 마음이 별로 없다.

    날씨가 추운 것이 아니라 자신의 일에 매여 무관심이라는 마음이 더 차가운 건 아닌지 모르겠다. 예수님의 탄생을 기다리는 이 시기에 시험이라는 굴레가 있지만 좀 더 세상의 아픔에 관심을 가지고 외적으로든 내적으로든 함께 나누려고 해야 하지 않을까?

13년 만에… 12월 6일

오늘요, 제가 고 3 예비 신학생 모임 때 저희를 지도하고 도와주시던 수녀님을 저동 성바오로 서원에서 만났습니다. 하느님께서 수고한다고 선물을 주셨나 봐요. 어디서 많이 본 분이다 했더니… 그렇게 인연이 되네요. 신기… 신기… 벌써 13년 전이에요. 당시의 저는 얼굴이 하얗고 참 예뻤다고 그러시네요. 지금은 아니라는 말씀이신지….

    그 시절 수녀님은 꼭 엄마 같았어요. 수녀님이 담당하시는 기간이 끝났는데도 다음 해에 성탄 카드도 보내 주셨거든요. 저는 그때 재수를 하고 있었고, 수녀님이 보내 주신 카드가 얼마나 큰 힘이 되었는지 모른답니다. 내일도 저동 서원에 재고 조사를 나가게 되면 그때 오셔서 밥을 사 주신다고 하셨어요. 오늘 재고 조사가 다 끝나지 못했으니

내일 뵐 수 있겠지요. 좀 설레네요.

   정말 반가웠어요. 수녀님! 근데 무지 쑥스럽데요, 헤…. 많은 후배들에게 좋은 귀감이 되시는 멋진 수녀님 되시고요. 무엇보다 마리아 님께 사랑받는 따님 되시기를 기도할게요.

'처음'처럼 12월 7일

오늘 우리 바오로 가족 중 하나인 스승예수의제자수녀회에서 지원자, 청원자 자매님들이 입청원, 입수련을 하였습니다. 그리고 내일은 2년 동안(우리는 1년) 수련을 받던 네 명의 자매님들이 첫 서원을 하고요. 올해 2월 첫날에 저희도 입수련을 했지요. 얼마나 떨렸는지 모른답니다. 순수하신 자매님들은 저보다 더 떨었겠지요. 한 팀은 수도 생활의 꽃인 수련기를 시작하고 또 한 팀은 유기 서원기를 시작합니다.

   '청원기 끝, 수련기 끝났다'보다 시작에 무게를 더 싣는 것 같습니다. '영원'에 대한 믿음과 희망을 먹고 살기 때문에 '끝'보다는 '시작'에 더 무게를 싣는 것 아닐까요? 끝(종말)을 바라보고, 그것을 준비할 수 있기 위해서는 '시작'의 의미를 꼭 기억해야 할 것 같습니다. '영원'으로 가기 위해서 매 순간을 '처음'처럼 살아야 하겠지요.

   하…, 말은 정말 쉬워요. 이 땅의 모든 수련자들이 순수하고 겸손한 마음으로 수련기를 통해 자신을 잘 가꾸고 다듬어서 참수도자가 될 수 있기를 기도합니다.

'온전히'라는 것 12월 10일

우리 주위에는 성덕으로 가는 길이 참 많다고 하네요. 그리고 하느님께서는 우리 모두가 성인이 되기를 바라신대요. 저는 솔직히 '성인'이란 자리는 나의 자리가 아니라 아주 멀리 있는 것이라고 생각을 했었어요.

진짜로 하느님께 나를 내어 놓는다면 그때 가능할 것 같아요. 나를 비롯해서 다른 사람을 나만의 틀에 가두어 버리지 않고 온전히 정말 온전히 하느님의 섭리대로 순수하게 내어 맡기고자 하면 되겠지요.

'완전히'가 아닌 '온전히'라는 말이 참 좋아요. 나의 자리에서, 있는 그대로의 모습으로 최선을 다하는 것이라는 생각이 들어서요. 하느님의 아들로서 늘 열심히 살려고 하는 원의를 저에게 심어 주시기를 청해 봅니다.

오늘 밤은 온전한 휴식을 취하고 싶네요. 오늘에서야, 4일 만에 저동 성바오로 서원의 재고 조사가 끝났거든요. 자, 그럼….

엄마의 품 12월 13일

구유에 쓸 천을 구하러 수녀님과 함께 동대문 시장에 갔다. 상가에 들어서자마자 온갖 천들이 즐비했다. 색깔도 다양해, 보는 이가 어지러움을 느낄 정도였다. 천사 날개처럼 하늘하늘 거리며 광택을 내는 천이 있는가 하면 두꺼워 보이지만 기름을 발라 놓은 듯 윤기가 흐르는 천들도 있었다. 물론 질그릇 같이 투박하면서도 구수해 보이는 광목도 눈에 띄었다.

그 천들을 보고 있자니 어렸을 때 어머니께서 옷감을 끊어다가 나와 내 동생 옷을 만들어 준 기억이 떠오르면서 미소가 배어 나왔다. 어머니께서는 옷을 참 잘 만드셨다. 바지며 윗도리며 심지어 동생 원피스까지! 그런 어머니의 손길이 가끔 그리워진다.

이것저것 따져보며 물건을 쉴 사이 없이 고르시는 수녀님한테서 어머니의 품이 느껴지는 이유는 무엇일까? 그건 아마도… 그거겠다.

생활 속의 기쁨 12월 16일

보통 한 달에 한 번씩 머리를 깎습니다. 한 달에 한 번씩 오셔서 머리를 깎아 주시는 형제님이 계십니다. 주일에 오시는데 그때 거의 모든 분들이 머리를 깎으십니다. 그 기회를 놓친 분들은 어떻게 할까요? 아침마다 미사에 참석하시는 자매님이 계신데 그분께서 수사님들의 '헤어'를 책임져 주십니다. 무료 봉사해 주시는 고마운 분이십니다.

오늘 길고 좀 지저분한 '헤어'를 다듬기 위해서 미용실을 찾았습니다. 그런데 유난히 자매님의 얼굴이 피곤해 보이더군요. '나중에 올걸. 피곤하신 것 같은데…'라는 생각에 머뭇거리고 있는데 자매님께서 상냥한 목소리로 "어서 오세요!" 하면서 맞아주셨어요. 피곤하신

게 분명한데 싫은 표정 하나 짓지 않고 일하시는 모습에 제 모습이 초라해 보였습니다. 피곤하다고 이리 빼고 저리 빼던 저의 모습이 보였기 때문입니다. 머리를 깎으면서 자매님을 위해서 기도했습니다. 건강하시길, 그리고 하시는 일 잘 되시기를…. 하느님께서도 자매님의 고운 마음에 기뻐하시리라 생각합니다.

내 마음 몰라주고 12월 18일

오늘은요, 정말 운전 복이 터진 날이었어요. 아침 식사 후부터 저녁 기도 전까지…. 잠이 모자라서 눈은 계속 감기지요, 차는 막히지요, 졸다 보면 앞 차가 저만큼 가 있고요, 사고가 안 난 게 정말 다행입니다. 제 옆에서, 뒤에서 사람들은 다 자고요… 쿨쿨… 참 얄미웠습니다.

'아버지의 이름이 거룩히 빛나시며'라는 것은 나의 영광이 아니라 하느님께 영광을 돌리는 것인데, 오늘은 누가 이 피곤한 몸을 좀 알아주었음 하는 게 솔직한 저의 심정이었답니다. 그런데 아무도 알아주지 않으니까 무지 섭섭한 거 있죠. 피~ 아기 예수님을 모시기 전에 좀 더 저의 마음을 비우라는 뜻으로 받아들이려 노력하고 있답니다. 힘들지만요….

예수님이 채워 주세요! 네? 12월 20일

모두들 잠든 새벽입니다. 구유 작업을 마치고 수련소 옥상에 올라가 보니 조용히 비가 내리고 있더군요. 간간히 차 소리만 나고요. 저녁 설거지 마치고 바로 시작했는데 벌써 새벽 4시가 다 되었으니 도대체 몇 시간을 한 거지? 근데요 다하고 나니까 어딘가가 허전한 거 있죠. 혹시나 해서 아기 예수님을 구유에 살짝 모셔 봤더니 그림이 되더군요. 근데 아기 예수님을 치우니 다시 썰렁….

밑그림 그렸을 때는 참 멋있었는데…. 모자라는 부분을 예수님이 다 채워 주시려나 봐요. 빨리 성탄이 오면 좋겠습니다. 지금 내리는 비가 눈이 되면 얼마나 좋을까요?

이미 그대에게 12월 21일

아기 예수님을 위해
잔칫상을 준비하고 있을
그대에게
그 잔칫상이 공동체를 위한 것이든,
어떤 사랑하는 사람을 위한 것이든,
자신을 위한 것이든지…
그대를 방해하는 이는 아무도 없다.

당신 손을, 당신 목소리를,
당신의 마음을 요구하는 그들이
모두 하느님이시기 때문이다.

아기 예수님은
이미 그대에게
와 계신지도 모른다.

가르멜 수녀원에 가면… 12월 23일

미사 때 사용하는 제병이 떨어질 즈음이면 제병을 사러 가르멜 수녀원에 갑니다. 오늘도 제병을 사러 갔습니다. 갈 때마다 느끼는 것이지만 수녀원은 맑고 고요합니다. 아무도 없는 듯이 나 혼자 수녀원 안을 거닐다 '봉쇄 수도원이 이런 거구나.'라고 느낄 때 제병을 챙겨 주시는 자매님 손에 커다란 봉지가 들려 나오면 바로 수녀원을 나와야 하지요.

  1년 동안 가르멜 수녀원에서는 이 자매님밖에 뵙지 못했습니다. 하지만 수녀원의 분위기는 늘 수녀님을 만난 듯한 착각을 불러일으킵니다. 수녀님들도 이렇게 조용하며 맑디맑을 테니까요. 그래서일까요? 가르멜 수녀원을 다녀오면 복잡해진 마음이 정리되곤 합니다. 예수님의 성체가 될 제병을 사러 갔기 때문에 수고한다고 예수님께서 주시는 선물인 것 같습니다.

나무가 되어   12월 24일

김장독 채우고, 쌀독 채우고, 난방에 문제없으면 수도원의 겨울 준비는 완료? 이 대목에서 겨울잠을 준비하는 곰이 떠오르는 것은 왜일까?

  수도원 마당에 빙 둘러 서 있는 나무들도 겨울맞이로 분주하다. 그런데 채워 가는 사람과는 달리 나무는 오히려 떨구고, 꺾고, 잘라서 버리기 바쁘다. 이렇듯 나무는 앙상한 모습으로 겨울을 맞이한다. 이렇게 나무는 새 생명을 잉태한다. 수도자는 자신의 일부를 떨구어 버리고 꺾어 버리고, 잘라 버리는 아픔을 견디며 마음이 가난해져 간다. 그렇게 마음 방에 빈자리를 마련한다. 이렇게 수도자는 겨울맞이를 한 나무와 닮아 간다.

  나무가 되어 겨울바람을 타고 가난한 모습으로 오실 귀한 분을 기다린다.

하얀 성탄   12월 25일

하얀 성탄절입니다. 정말 오래간만에 맛보는 화이트 크리스마스입니다. 언제부턴가 성탄절에 눈이 오는 걸 보기가 힘들어졌습니다. 지구의 온난화니, 뭐니 하는 이유를 들 수 있겠지만 사람들의 마음에서 성탄을 기다리는 마음이 사라져 가기 때문에 그런 건 아닌지….

  그래도 이렇게 눈이 오는 걸 보면 올해는 성탄을 손꼽아 기다리는 이들이 많았나 봅니다. 정말 다행입니다. 이 모든 이들 마음에 하얗게 쌓인 눈처럼 포근하고 따스한 마음이 가득하기를 기도합니다. Merry Christmas!!

구유 이야기 12월 26일

"오히려 당신 자신을 비우시어 종의 모습을 취하시고 사람들과 같이 되셨습니다."(필리 2,7)

속이 텅 하니 빈 대나무를 보면 당신의 천상 영광을 모두 비우시고 우리에게 내려오신 아기 예수님이 떠오릅니다. 대나무는 참 재미난 나무입니다. 보기에는 비 한 번 맞으면 쑥쑥 자라는 것 같지만 세상 밖으로 얼굴을 내밀기 전까지 땅 속에서 3년에서 5년 정도의 시간을 보낸다고 합니다. 사람들에게 자신의 절개를 보여 줄 큰 나무가 되기 위해 땅에서 충분한 영양을 받고, 깊이 뿌리내리며 준비하는 것이겠지요. 3년의 공생활을 위해 30년을 세상에서 준비하신 예수님처럼 말입니다. 대나무는 키가 다 큰 후엔 자신의 덩치를 불리는 것이 아니라 속으로 살을 채운다고 합니다. 그래서 대나무는 속을 봐야 그 나이를 알 수 있다고 해요.

　이번 성탄을 맞아, 겉으로 드러내 보이려는 저의 허세와 교만함을 버리고, 내면을 살찌우되 주님의 말씀이 울릴 자리를 비워 놓는 대나

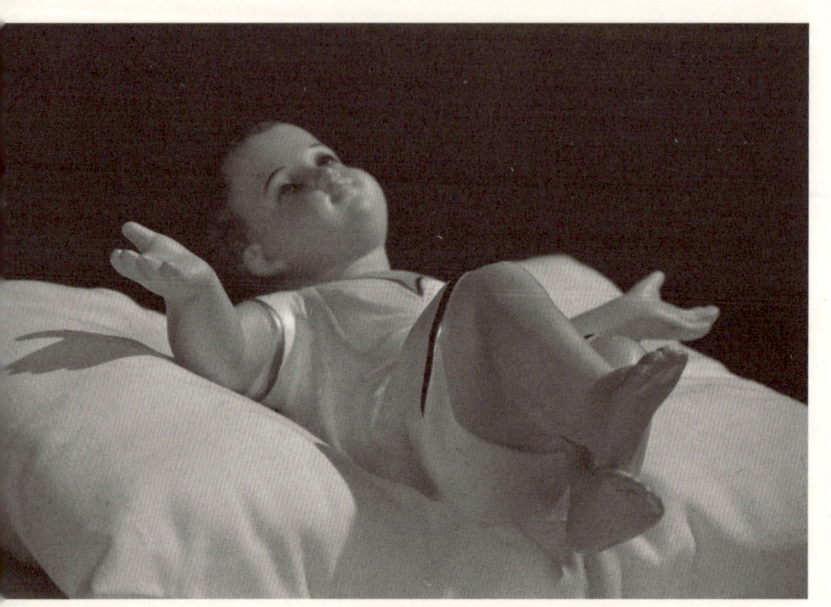

무와 같은 성숙한 그리스도인이 되기를 기도합니다.

성탄 선물   12월 27일

오늘 27일 요한 사도의 축일이다. 세월은 잘도 간다. '지붕 위의 바이올린'이라는 영화의 주제가에 그런 게 있었던가. '해는 뜨고 해는 지고'sun rise, sun set라고. 해가 지고 해가 뜨고 나날이 흘러가고….

성탄 선물로 성바오로딸수도회 수련 자매들이 덧양말을 한 켤레 보내왔다. 언제나 마음은 그렇게 감응한다. 구체적이고 실제적인 것, 마음으로 해 주는 염려. 연말부터 시작되는 대피정에 가서 신으려고 잘 보관해 두었다. 안 그래도 피정 지도하는 수녀님이 따뜻한 양말을 준비해 오라고 하셨는데 잘되었다.

대개 성탄절에 선물을 받으려고 양말들을 걸어 놓지만 내 조카 중 하나는 양말은 너무 작다며 제 팬티를 걸어 놓아서 우리를 웃겼다. 산타 할아버지가 선물 주러 왔다가 깜짝 놀랐을 것 같다. 하여간 예쁜 덧양말을 선물해 준 자매들에게 감사!

이름 짓기   12월 28일

수도명을 무엇으로 할까 고민스럽다. 대희년의 뜻이 있는 '주빌리오'

로 하려니 자꾸 '죽일리오'라고 발음되어 정말 누가 나를 죽일 것 같고 그렇다고 다니엘로 하자니 그것도 그렇다. 왜냐하면 나의 성 '한'을 붙이면 '한 다니-엘'이 되어 무슨 일을 했을 때 꼭 나서서 설치는 사람이라는 인상을 줄 것 같다. 그래서 "하느님의 선물"이라는 뜻을 지닌 '도로테오'로 하자니 성바오로딸수도회에 계신 도로테아 수녀님의 자식이라고 할 것 같고… 아이고 모르겠다. 그냥 '알베리오네'로 할까?

창백한 수사님 얼굴   12월 30일

편집장 수사님이 수술을 받고 퇴원을 하셨다. 수술이 힘드셨는지 기운이 하나도 없으셨다. 병문안을 다녀온 분들이 간단한 수술이라고 했지만 마음이 놓이지 않았었다. 창백한 얼굴이지만 퇴원한 모습을 뵐 수 있어 한시름 놓았다.

   밤잠을 설쳐 가며 신경을 써야 하는 편집부 일이 그분께는 무척 고되었나 보다. 이냐시오 형제가 옆에서 도와준다고 하나 그 도와줌에 한계가 있는 것이라 참 안타깝다. 어떻게 도와 드릴까 궁리해 보지만 잘 생각이 나지 않는다. 내가 그만큼 수사님께 관심이 없었나 하는 생각이 들었다. 수사님의 건강을 청한다.

흠숭 기도
(성체 조배 전에 바치는 기도)

나의 하느님, 저를 보시고
제 기도를 듣고 계신 당신 앞에
제가 있음을 믿습니다.
당신은 지극히 위대하고 거룩하시니
당신을 흠숭합니다.
당신은 저에게 모든 것을 주셨으니
당신께 감사드립니다.
당신은 저 때문에 극히 상심하셨으니
마음을 다해 용서를 청합니다.
당신은 지극히 인자하시니
제게 유익하다고 생각하시는
모든 은총을 주소서.

(「바오로 가족 기도서」 79쪽)

성경을 포장했어요 1월 1일

새로 갖게 된 성경을 예쁜 색지로 포장했습니다. 마음이 밝아졌습니다. 가난한 모습으로 육화하신 예수님이신 그 말씀을 매일매일 반추해서 성실한 사도가 될 수 있기를 바랍니다. 하느님의 말씀을 잘 이해하고 삶으로 살아 낼 수 있기를….

질투는 나의 힘 1월 5일

박찬옥 감독의 '질투는 나의 힘'이라는 영화를 본 적이 있다. 영화의 내용은 이렇다. 애인을 뺏긴 남자가 애인을 차지한 사람에게 복수를 하려고 한다. 그 과정에서 자신이 느끼는 감정이 질투라는 것을 알게 되고, 결국 그를 닮아 가게 된다. 영화에서 질투는 내가 가지지 못한 그것, 가지고 싶은 그것을 어떻게 해서든 배우거나 얻고자 하는 감정이다. 사실 이 영화를 보면서 주인공의 감정 변화를 이해하기 힘들었다.
   그러다 최근에 창고 정리를 하면서 문득 이 영화의 의미는 이런 것이 아닐까 하는 생각이 들었다. 누군가를 비판하고 나는 그렇게 되지 않겠다고 혹은 내가 그런 일을 하게 되면 이런 식으로 바로잡겠다고 쉽게 말한다. 하지만 지금의 비판과 불만이 그것이 잘되기를 바라는 애정 어린 시선이라기보다 그것을 가지고 싶은 혹은 그 사람의 힘을 닮고 싶은 내적 질투심일지도 모른다.

나는 지금 무엇을 꿈꾸는가? 잘 포장된 이기심을 나의 신념이나 믿음이라고 우기면서 살고 있지는 않은가? 복음 정신 운운하면서 대화보다는 힘의 논리를 주장하고 있지는 않은가? 나는 무엇을 선택할 것인가?

옛날이야기 1월 7일

오늘은 종일 가랑비가 내린다. 날씨가 좀 더 추웠으면 눈이었을 텐데…. 겨울비는 왠지 쓸쓸하다. 어렸을 때 내가 자란 시골에서는 1월이 되어서야 첫눈을 볼 수 있었던 것 같다. 우리 시골은 남쪽 끝이니까. 해변가에 가면 두꺼운 대나무 들이 떠밀려 와 있기도 한데 어른들은 중국에서 밀려온 갈대라고 하셨다. 그래서 '야, 중국의 갈대는 두껍기도 하구나.' 생각했었다. 거무스레하게 된 열매가 가끔 보이기도 했다. 열대 지방에서 온 야자열매였다. 어떤 장난기 많은 사람은 그걸 해골이라고 했다가 자기 장모한테 눈총을 받았다는 이야기도 있다. 그 이야기를 해 달라고요? 잊어버렸답니다.

아주 옛날 지금 칠순을 넘기신 이모님이 소녀였을 적에 우리 시골에는 태평양 전쟁에 나가는 일본 해군의 수병들이 잠시 들러 쉬어 가곤 했다. 우리 섬 밖은 난바다라서 아마 마지막 정박지였던 모양이다. 이모님 말씀에 "하얀 옷 입은 일본 군인들이 기슭에서 기타를 치고 놀고 하다가 다음 날 출항을 하면 바로 미국 비행기가 와서 폭격을 하고, 그러면 그 사람들이 다 죽어 바다가 하얗더라." 그때는 바닷속의 조개들이 무척 살이 쪘었다고 한다.

잊고 지냈던 것들 1월 8일

아침부터 하늘이 우중충하다. 눈이나 비가 올 것 같지도 않고, 냉기가 수도원 가득 느껴진다. 요즘 내 상태를 날씨가 대변해 주나 보다. 피곤함을 많이 느끼고 지금 할 일을 마냥 미룬다. 연말에 받은 연하장(인터넷으로 받은 거지만) 중에 잘 받았다는 인사성 답장도 보내지 못한 것이 있다. 정성스레 나를 생각하면서 보냈을 텐데 내일 중에 전화라도 걸어야겠다. 잘 아는 수사님의 종신 서원식 날짜를 까맣게 잊고 있었다. 지난 토요일 종신 서원식에 다녀온 형제를 통해서 뒤늦게 알게 되었다. 조금만 신경 쓰면 되는데 왜 이러는지 모르겠다.

 그동안 잊고 지냈던 것들이 꽤 많은 것 같다. 사람들과의 관계가 이러할 진대 하느님과 나 사이는 얼마나 멀어졌을까? 사람은 보고 싶은 것만 본다고 했던가. 나는 무엇을 보면서 살고 있을까? 마음을 가다듬고 가야 할 길을 성실하게 가야겠다.

제비꽃   1월 10일

"내가 다시 너를 만났을 땐 너는 많이 야위었고… 창 너머 먼 눈길 너는 웃으며 내게 말했지. 아주 한밤중에도 깨어 있고 싶어."

　조동진의 노래 '제비꽃'이다. 나는 이 노래를 참 좋아해서 혼자 있을 때 가끔 부르곤 한다. 2절인지 3절인지 모르겠지만 깊은 밤중 창 밖을 바라보는 소녀의 모습은 마음속에 깊은 인상을 남긴다. 조동진의 노래들은 다 그렇게 시 같다. '작은 배'도 무척 좋다. 반복되는 노랫말, 하나씩 더해지는 느낌들, 그렇게 깊어지는 이야기는 다 부를 때쯤 모양이 드러나는 모자이크 같기도 하다.

"배가 있었네. 작은 배가 있었네. 아주 작은 배가 있었네. …작은 배로는 떠날 수 없네. 멀리 떠날 수 없네. 아주 멀리 떠날 수 없네."

　나는 배들을 많이 알고 있다. 삼각형과 사다리꼴 모양이 겹쳐지는 듯한 종이배, 댓잎을 구부려 만들어 물 위에 띄우는 어린 시절의 배, 뗏목, 거룻배, 쇠로 만드는 군함, 요즘은 플라스틱으로 만드는 배도 있다.

　종이배를 갖고 놀던 아이가 자라 커다란 배를 타고 이곳저곳을 떠돌아다니기도 했지만 언제나 가장 큰 바다는 내 마음 속에 있었다. 해무가 자욱한 바다, 물결이 찰랑대는 바다, 이따금 마른번개가 치는 밤바다에 이르기까지, 그래도 그 바다의 끝까지 가지는 못했다. 내가 타고 떠날 배는 얼마나 작은지 그리고 내가 항해할 내 마음의 바다는 얼마나 넓은지…. 이제 곧 떠나야 할 시간이 다가오는데. 다솜 잡지

편집 때문에 무척 바쁘다. 몸은 바쁘더라도 마음은 항상 여유 있고 너 그럽게 살자. 아주 멀리 새처럼 날고 싶어…

걸음걸이에 대하여 1월 12일

며칠 남지 않은 수련기를 생각하면서 일기를 쓴다. 정신없이 지나온 1년. 나는 어떻게 걸었는지…. 내가 아는 어떤 수녀님의 걸음걸이는 참 독특하다. 상체를 앞으로 기울인 독특한 포즈로 걷는다. 뭐라고 할까. 마음이 저 앞에 있고 몸은 여기 걸어간다고 할까. 무언가를 대망하는 듯한 그 걸음걸이를 보면서 하느님 나라를 바라보며 걸어가는 사람의 모습을 느꼈다. 그보다 더 아래 연배의 어떤 수녀님은 성큼성큼 걷는 모습이 참 멋있다. 아무것에도 걸림 없는 자유로운 사람의 모습을 수녀님의 걸음걸이에서 느낀다.

　내 별명은 옛날부터 영감이었는데 걷는 것도 꼭 영감 같다는 말을 많이 들었다. 슬프게도 애늙은이가 되어 버린 나의 초상이다. 그러나 나도 하느님 나라를 생각하면서 자질구레한 일에 얽매이지 않고 걷는 사람이고 싶다. 성큼성큼 걷는 사람. 그렇게 걸어 보면 알겠지만 한 걸음 한 걸음 내디딜 때마다 눈앞의 것이 쑥쑥 다가오는 것이 신기하기조차 하다. 생각을 내려놓을 때면 그런 것들이 말 걸어오는 순간을 느낄 수 있다. 걸어가면서 느끼고 듣고 아는… 깨어 있는 수도자가 되었으면 하고 첫 서원을 며칠 앞둔 지금 바란다.

감기와의 전쟁 중에 1월 14일

눈이 녹는 소리가 들린다. 맹위를 떨치던 동장군의 기세도 한풀 꺾였지만 겨우 내내 떨어지지 않는 감기는 땅굴 파고들 듯 몸속을 파고들어 와서 게릴라전을 펼치는 것 같다. 날씨 때문인가! 생각도 해 보았지만 날씨 탓만은 아닌 것 같다.

걱정 없다며 독감 예방 주사를 멀리했던 일이 기억난다. 자신만만함이 지금의 나를 힘들게 하는 것은 아닌지…. 이렇게 몸이 자기만의 것인 양하며 자유라고 노래한 것은 아닌지 모르겠다. 예수님께서 값을 치르고 우리의 몸을 사셨는데 말이다.

감기와 전쟁 중인 이 시간, 미처 돌아보지 못했던 육체에 대해 살펴볼 수 있어 다행이다. 자기 몸을 보물단지 모시듯 아끼는 것도 어리석은 일이지만 자기 몸을 마구 혹사하는 것도 미련한 일일 것이다.

시골 밥상 1월 16일

수도 생활 중에 먹는다는 것은 행복의 척도로 보인다. 작은 공동체에 머물다 보면 식사를 혼자 하거나 둘이 할 때가 자주 있다. 그런데 아무리 맛있고 귀한 음식이 눈앞에 있더라도 혼자 먹게 되면 그 맛은 신통찮다. 함께 먹고, 나눠 먹는 그 자체로 행복이다. 복음 말씀도 같은 것 같다. 혼자 읽고 묵상할 때는 편식할 우려가 있지만 묵상을 함께 나눌 때는 골고루 올라와 있는 다양한 음식을 충분히 먹을 수 있는 시골 밥상이 차려진 것 같아 행복하다. 나와 다른 사람의 말도 즐겨 들을 수 있도록 귀가 열리기를 희망한다.

자신의 자리를 찾아라. 얍! 1월 17일

며칠 동안 비가 계속 내리고 있다. 겨울비가 내릴 때는 따스한 차 한 잔을 벗 삼아 사색에 잠길 수 있었는데 이번에는 그렇지 못하다. 성격 급한 놈들이 벌써 봄날을 노래하기에 충분한 동기를 제공하고 있다. 하늘이 추위에 힘겨워 하는 몸과 마음고생을 덜어 주기 위함인가? 내가 조금 힘이 들더라도 겨울은 겨울다워야 하는데. 모든 것이 자신의 자리를 찾아야 평화가 이루어지는데. 사람들이 인간의 자리를 찾지 못하고 방황하더니 이제는 계절마저도 그 자리를 찾지 못하고 있어 참 걱정된다.

봉헌 1월 19일

요즈음은 기다림의 의미를 다시 한 번 생각해 본다. 무엇을 기다린 지가 벌써 일주일이 넘어간다. 1년 만에 돌아오는 피정. 지금 형제들과 나 모두 감기로 골골거린다. 첫 서원을 앞둔 우리들이 옛 모습을 벗어던지기 위해 겪는 이 골골거림을 이겨 내고 피정을 통해 새롭게 거듭 날 수 있기를….

Good Bye! 1월 20일

마지막이라는 단어는 여러 가지 모습으로 우리에게 다가온다. 우선 이별이라는 것, 아쉬움과 안타까움을 우리에게 던져 준다. 또 하나의 모습이 숨겨져 있다. 홀가분함과 희망, 새로움을 향한 출발. 또한 지금까지 걸어온 길을 뒤돌아보게 한다. 오늘이 수련자로서 쓰는 마지막 수도원 일기이다. 마지막이라는 단어 앞에 하얀 여백만이….

어떤 만남 1월 22일

오늘 수도원으로 두 청년이 찾아왔다. 영화를 전공하는 청년들이었는데 수사 신부와 창녀 같은 직업을 지닌 여인과의 문제를 다루는데, 사전 조사를 위해 온 것이다. 별로 내키는 주제는 아니었지만, 내 마음에 드는 주제를 그들에게 요구할 수도 없고….

수사님 한 분을 초대하여 함께 이야기했다. 그들의 질문에는 개인적인 것도 들어 있었기 때문에 조금 당황스럽기도 했다. 그러나 막상 그러한 질문에 대해서도 탁 터놓고 이야기하다 보니 오히려 그들이 우리의 솔직한 태도에 놀라워하면서도 고마워하는 듯하였다. 내어놓을 것이, 도움이 될 만한 것이 별로 없어 이 시간들이 조금은 불편했다. 하지만 나의 시간을 필요로 하는 사람들에게 내줄 수 있다는 것만으로도 족하지 않았나 싶다.

부모님 1월 23일

얼마 전 부모님께서 다녀가셨다. 뇌졸중이라는 어려운 고비를 넘기고 많이 호전되었다고는 하시지만 한쪽 다리를 저시는 아버지를 뵙는 순간 아픔이 만남의 기쁨을 앞섰다. 그저 아무것도 아닌 이 사람을 보기 위해 아침부터 서둘러 오신 부모님, 그 앞에서 눈물이 가슴에 고였다.

"열심히 기도하고 열심히 살아라." 하고 아버지와 어머니는 갈 길을 재촉하며 떠나셨다. 가시는 부모님의 모습을 보고 있자니 나도 모르게 눈물이 나왔다.

다음엔 제가 갈게요! 그리고 우리, 기도 중에 만나요! 언제나 건강하시고요.

For You 1월 24일

사랑을 이야기하면 사랑을 하게 된단다.

넘치도록 많은 사랑이 오늘 온다 해도
나는 사랑 이야기를 많이많이 하고 싶다.

많이 *^__^*(웃고)
많이 (^ε^)♡~(사랑하며)
많은 ☆"(별을) 따다 주어야 한다 해도
많은 사랑 이야기를 하고 싶다.

당신을 위해….

너의 웃음 1월 26일

"너의 웃음은
가장 향기로운 꽃이다.
웃어라,
그러면 세상도 너와 함께 웃는다."

하루라는 시간
몇 번이나 큰 웃음 있었나?
잠시 뒤돌아본다.

몇 번…
아니, 이런 한 번도 꽃을 피우질 못했네.
(눈꽃에 잠시 미소를 보냈을 뿐….)

"사랑하는 사람 앞에서 웃는 것은 그만큼 행복하다는 말입니다."라고
시인 만해는 말하지 않았던가?
많이 웃고, 많이 행복하자.
그래야 많이 사랑을 나눌 수 있으니….

얼렁뚱땅 형제들   1월 30일

빨간 벽돌집에는 식사가 끝나고 나면 웃음이 주방 창문 사이로 마실을 나온다. '얼렁뚱땅' '대충대충' 형제들의 '우당탕…' 설거지 소리와 함께 식사를 마치고 나오시는 수녀님들께서 "뭐! 벌써 이렇게 빨리 설거지를 다하셨어요." 하면 "우리는 얼렁뚱땅 형제들이잖아요." 하고 한바탕 웃는다.

함께 살면서, 함께 설거지를 하면서, 많이도 웃으면서
"한솥밥을 먹는 식구가 이런 거구나!" 하는 생각을 많이도 한다.
가족이란 사랑하는 사람과 사람이 살면서
그 사람과 사람이 사랑을 나누면 나눌수록 행복이 쏟아지는

하늘나라 방앗간이구나!

행복은 어느 누구도 혼자 차지할 수 없기에
서로 주고받고, 받고 주고 하면서
커다란 기쁨을 씨 뿌리고 웃음을 수확하는 것이구나!

사랑과 행복을 만드는 곳,
얼렁뚱땅 형제들의 입심 춤추는 그곳은
참으로 멋진 하늘나라 방앗간, 우리 집이구나!

청소부가 된 바람 1월 31일

갱신 서원 피정을 하기 위해 수원에 내려왔다. 이 발걸음을 하늘이 눈으로 축복을 해준다. '좋다'라는 느낌과 함께 '밤부터 눈을 치워야 하는구나.'라는 생각이 동시에 떠올랐다. 감상에만 젖어 들지 않고 이런 생각까지 함께 오는 것을 보면 나도 모르게 '나이를 먹었구나.'라는 생각에 씁쓸한 미소의 자취가 입가에 남는다. 이런 생각을 하느님께서 아셨는지 세찬 겨울바람을 보내시어 길 위의 눈을 청소하게 하신다. 당신만을 생각하고자 하는 마음에 걸림돌이 되는 것은 하느님께서 손수 걷어 내신다.

결심의 기도

예수님, 당신은 제가 걸어가야 할 길이시며,
본받아야 할 완전한 모범이시니
심판 때에는 당신과 비슷하게 되어
당신께 나아가고자 합니다.
겸손과 순명의 천상 모범이시여,
당신을 닮게 하소서.
극기와 정결의 완전한 모범이시여,
당신을 닮게 하소서.
가난하고 인내로우신 예수님,
당신을 닮게 하소서.
애덕과 열정의 모범이시여,
당신을 닮게 하소서.

(「바오로 가족 기도서」 54쪽)

2 월

주님 봉헌 축일에 2월 2일

주님 봉헌 축일인 오늘 첫 서원과 함께 갱신 서원식이 있었다. 숫자에 약해서 형제들의 숫자를 기억은 못하지만 하여간 여러 명의 형제들이 주님께 1년 동안 자신을 봉헌하는 서약을 갱신했다. 각자 나름의 준비로 기다려 온 이날 온 마음과 온 의지로 주님과 약혼식을 치렀다.

우리 모두의 봉헌은 첫 번째로 우리를 정말 사랑하시는 주님께 기쁨이요, 둘째로 세상과 교회에 크나큰 선익이 되며 마지막으로 보잘것없는 우리가 그분의 정배가 된다는 더할 수 없는 영광의 표징이기에 우리를 바라보는 많은 선한 이들과 우리 스스로에게도 큰 기쁨이다.

더군다나 독서직과 시종직을 받은 형제도 있었다. 하느님의 말씀 선포에 봉사하는 독서직, 그리고 성찬의 신비에 봉사하는 시종직을 받은 형제들은 부족하기 이를 데 없는 우리를 믿어 주시면서 당신 자신을 우리에게 내맡기시는 그분 사랑에 의해 봉사의 권한과 의무를 갖게 되었다. 우리 수사님들과 어제 입수련한 수련자 형제들 모두 자신의 성소와 직분에 충실하여 하느님과 사람들을 위한 축복이 되기를 바란다.

방 정리 2월 4일

수도원의 방은 두세 평 남짓이지만 있을 건 다 있다. 가끔은 짐을 모두 끄집어내고 침낭 하나만 달랑 남겨 두고 싶은 생각이 굴뚝같다. 그래서 오늘 대대적으로 정리를 했다. 책상과 책꽂이의 위치도 바꾸어 보고 하면서 버릴 것들을 추려 내었다. 한참을 정리하고 새로워진 기분으로 버릴 것들을 모아 놓고 보니… 불편하고 걸리적거리는 것들을 모두 제거하고 싶어 단출한 삶을 꿈꾸었나 싶다. 조금이라도 걸리적거리는 것이 있으면 뜯어 고쳐야 속이 시원했던 나 자신의 모습이 떠올라 허탈했다. 버리기 위해 모아 둔 물건들의 제자리를 찾아 주어야겠다.

으자자자 2월 5일

하루 間에 기도할 수 있는 힘을 주셔서 감사합니다.
아자자자 살 수 있게 힘을 주셔서 고맙습니다.
으자자자 이제 진짜 살아 보아야겠어요

김선명 스테파노 수사 그림

인사동 2월 6일

1년에 한 번씩 있는 수도원 연례행사 준비 때문에 인사동에 다녀왔다. 매년 설이면 조그만 선물들을 준비하고 형제들이 모두 모여 게임을 통해 나누어 갖는데 올해 선물은 인사동에서 이것저것 준비해 보았다.

일단 세운상가에서 전자 제품 몇 가지를 사고 나서 종로 2가를 지나 인사동에 들어가는 발걸음은 한층 가벼워졌다. 인사동에 나오면 무슨 일이 있어도 한 번 들리는 야구장(500원을 내면 10번 칠 수 있는)이 있었기 때문이다. 미아리의 우즈(두산 베어스 타자)인 나의 실력이 녹슬지 않았다는 것을 보여 주기 위해서 나는 오늘도 내 용돈의 10분의 1을 과감히 투자하였다. 역시 후회는 없었다. 타격감이 살아 있었다. 어찌나 흐뭇하던지 야구장을 떠나는 것이 못내 아쉬웠다.

이런 좋은 기분도 잠시였다. 안국동 쪽에서 들어오는 길에는 서양식 빵집과 편의점이 떡하니 버티고 있고, 중간중간에는 커피 전문점들이 포진하고 있었다. 인사동을 거닐던 이들이 외국에서 건너온 커피 전문점에 앉아서 대화를 나누고 있었다.

더욱이 통탄할 사실은 국회의원 차량이라고 한가운데 떡하니 붙여 놓은 검은 승용차가 그 거대한 차량의 길이를 자랑하듯이 사람들이 다니는 길을 가로막고 비상등을 켜고 있는데, 왜 쳐다 보냐는 듯이 의기양양하게 서 있었다.

고즈넉한 분위기에 풍경 소리가 은은히 울리는 고풍스런 거리가 하나쯤 있다면 좋겠다. 아무런 말없이 그 길을 걷는 것만으로도 한국적인 정서를 느낄 수 있는 거리가 필요한 것 같다.

고요… 으악!! 2월 8일

저녁 8시 30분쯤 수도회 안내실은 세상에서 가장 조용한 장소가 된다. 모두들 숙소로 들어가서 하루를 마감하고 쉬면서 내일을 준비하는 시간을 갖는 때이다. 아무도 찾아오지 않고 나 홀로 안내실 전화기 앞에서 책을 읽고 있으면 한적한 시골의 초가집에 와 있는 듯한 기분이다. 오늘도 고요함을 즐기고 있었다(절대 졸지 않았음).

 어느 순간 누군가 뒤에서 나를 빤히 내려다보고 있는 듯한 느낌이 들어 뒤를 돌아봤다. 으악!! 온통 검정색, 뒤따라 들리는 소리. 오홋홋… 떨리는 몸을 진정시키며 "수녀님! 놀랬잖아요!" "어머머! 놀랬어요? 미안해요. 오홋홋홋…" 우리 수도회엔 어머니 역할을 해 주시는 스승예수의제자수녀회 수녀님들이 계신다. 겨울에는 검정색 베일에 수도복을 입고, 수도원을 이리저리 다니시느라 바쁘시다. 원장 수녀님께서는 남다른 수도 정신과 웃음소리를 가지고 계신다. 오늘은 전해 줄 물건이 있어서 안내실로 오셨는데 내가 분위기에 취해 있다 갑작스런 방문에 놀라 버린 것이다.

나눔 2월 9일

"저녁을 먹고 나면 허물없이 찾아가 차 한 잔을 마시고 싶다고 말할 수 있는 친구가 있다면 좋겠다. 음식 냄새가 밴 옷이라도 흉보지 않을 친구가 우리 집 가까이에 살았으면 좋겠다. 비 오는 오후나 눈 내리는 밤에도 고무신을 끌고 찾아가도 좋을 친구, 밤늦도록 공허한 마음도 편하게 열어 보일 수 있고 악의 없이 남의 얘기를 주고받고 나서도 말이 날까 걱정이 되지 않는 친구가…. 사람이 자기 아내나 남편, 제 형제나 제 자식하고만 사랑을 나눈다면 어찌 행복해질 수 있을까. 영원이 없을수록 영원을 꿈꾸도록 서로 돕는 영원한 친구가 필요하리라. 그가 여성이어도 좋고 남성이어도 좋다. 나보다 나이가 많아도 좋고 동갑이거나 적어도 좋다. 다만 그의 인물이 맑은 강물처럼 조용하고 은근하며, 깊고 신선하며, 예술과 인생을 소중히 여길 만큼 성숙한 사람이면 된다. 그는 반드시 잘생길 필요가 없고, 수수하나 멋을 알고 중후한 몸가짐을 할 수 있으면 된다."(유안진의 '지란지교를 꿈꾸며' 중에서)

 우연히 다시 접한 글에 한참을 머물렀다. 고등학교 때 편지지 가득 채워서 친구들에게 선물했던 기억이 난다. 한참 사춘기 시절, 나는 편지 쓰기를 굉장히 좋아했다. 다른 수사님들이 가끔 내가 편지 쓰기를 좋아했다는 이야기를 하면 그냥 웃어 주시는데 나는 지금도 동감한다는 뜻으로 이해하고 있다. 물론 당사자들에게 확인한 적은 한 번도 없지만….

 허물없이 나눌 수 있는 친구가 과연 몇이나 될까. 수도 생활을 통해서 나누는 형제애는 물론 통상적인 가치와는 다를 것이다. 그렇다면 수도자의 나눔의 의미는 무엇일까. 저녁을 먹고 허물없이 찾아가는 친구가 아니라 하느님 안에 한 형제임을 잘 알고 있는 우리들의 삶 안에서는 '진정한 사랑이 우러나오는가?'라고 자문해 보았다. 그것은 나의 편지를 받고 어린아이처럼 좋아하던 친구들의 얼굴과 수사님들의 얼굴이 오버랩되면서 스스로에게 던진 질문이다.

수도자로서의 진정한 형제애는 어떤 의미인가. 하느님의 사랑을 실천하는 데 도움이 되어야 하는 것이 수도 생활이라면 형제애 또한 그러한 맥락에서 이해되어야 할 것이다. 그러나 라자로의 죽음 앞에서 눈물을 흘리셨던 예수님의 사랑이 떠오르면서 형제애라는 것도 진정으로 상대방을 사랑하지 않는다면 결코 이루어질 수 없다는 생각이 들었다. 사랑 자체이신 하느님, 그리고 그 사랑을 우리에게 몸소 보여 주신 예수님을 생각한다면 수도자로서의 진정한 형제애는 한없는 사랑에서 시작되어야 하는 것이 아닌가 하는 생각이 들었다.

나를 한없이 사랑해 주는 형제를 만난 오늘은 참으로 행복한 날이다. 그를 통해서 하느님은 나에게 대단히 큰 사랑을 보여 주셨다. 내가 하느님께 지은 죄는 나에 대한 하느님의 사랑에 비하면 티끌만도 못하다는 사실을….

총장님의 이름은 2월 10일

3년에 한 번 하는 준관구 총회를 위해 이탈리아에서 총장님께서 방문하셨다. 총장님 성함이 조금은 독특한데… 캄푸스, CAMPUS! 문구점에 진열된 노트들 표지에서 쉽게 찾아볼 수 있는 글이 바로 'CAMPUS'이다. 먼 옛날(?) 한 수사님이 한국을 방문한 총장님께 그 노트를 내밀면서 한 말… "your book…".
  어색함을 친근함으로 변화시키는 한 권의 노트, 그 노트에 정情이라는 한 글자가 새겨진다면 좋겠다.

코와 무좀 약과 깨어 있음 2월 11일

코에 부스럼 같은 게 났다. 아침에 무슨 연고가 보여서 발랐는데 저녁 때 다시 보니 무-좀-약이었다. 세상에, 코에 무좀 약을 바르다니. 무심코(또 코네) 하는 일이 가능하면 줄어들어야 하겠다.
  어디선가 읽은 이야기인데, 중국의 어느 선사가 열심히 참선을 하고 자기 공부를 시험하러 온 제자를 다시 공부하라며 돌려보냈다는 것이다. 이유인즉 댓돌 위에 신발을 어떻게 벗어 놓는지를 몰랐기 때문이었다는데, 말하자면 신발 하나 벗을 때도 의식이 깨어 있어야 한다는 것이겠지. 하물며 코에 난 부스럼에 약을 바르는 일에 있어서랴. 나는 멀어도 한참 멀었다는 것을 말해 준다.

사실 코에 대해서는 감사할 것이 있기도 하다. 본래 아기였을 때 나는 콧등이 없는 이른바 납작코였는데 어느 땐가 콧잔등이 솟아올라 그나마 지금처럼 된 것이다. 아마 세게 어디에 부딪친 뒤였던 것 같다. 납작코인 채 그대로 있었다면 정말 볼만했을 것이다. 코는 얼굴의 중심을 잡아 주는 역할을 한다고 하지 않는가. 지금도 균형 잡힌 황금 비율의 얼굴이라고 할 수는 물론 없지만 어쨌든 잔등이 없는 코에 비하면 훨씬 훌륭하다고 할 수 있겠지. 그런 코에 무좀 약 세례라니, 원. 정신없는 나와 내 코의 부스럼을 탓하며 늘 깨어 있어야겠다는 결심을 새롭게 해 본다. 코와 무좀 약과 깨어 있음과….

천정에 가득한 별들   2월 14일

밤에 자려고 누웠더니 눈앞에 예쁜 별들이 반짝거린다. 전에 이 방을 썼던 모 수사가 천정에 야광 별들을 붙여 놓았던 모양이다. 겉보기와는 전혀 다른 그의 낭만적인 모습을 생각하고 혼자 감탄하였다. 어떻게 생각하면 이사 온 지 열흘이 지난 이제야 별을 발견한 나도 참으로 무딘 사람이다. 수련기라서 경황이 없던 탓이었을까. 그렇다면 어떤 이의 시구詩句대로 '인생이 무엇이랴, 길 멈추고 하늘의 별 바라볼 여유가 없다면'이다.

    시골집에 가면 공해가 전혀 없는 하늘 가득히 쏟아져 내리는 별들을 바라볼 수 있다. 중기미의 부서진 선착장에서 철썩대는 파도 소리를 들으며 바라보는 여름밤의 별들은 고향을 생각할 때 떠오르는 몇 가지 원초적인 풍경 가운데 하나이다. 별들 중에서는 샛별이 가장 좋다. 샛별은 성모님의 호칭 중 하나인데, 전에 소년 레지오 팀에 있을 때 그 팀의 이름이던 까닭에 좋아하게 되었다. 정말 모두 샛별처럼 반짝거리는 소년 단원들 틈에 내가 하나의 헌 별로 거기 있었던 것이다. 샛별은 영어로 '모닝스타'morning star라는, 어찌 보면 소박한 이름이다. 또 다른 우리말 이름으로 '개밥바라기'라고도 한다는 것 같다. 저녁을 먹고 하룻밤을 지낸 개가 슬슬 배가 고파져 주인이 밥 주기를 바랄 즈음 하늘에 떠오르는 별이라고 해서 그런 이름이 붙었다는데 옛 사람들의 따뜻한 마음(집에서 키우는 개의 형편까지 헤아리는)이 엿보여 정다운 이름이다.

 개밥바라기라고 불렀든 모닝스타라고 불렀든 별은 같은 별이며, 그것이 새로운 희망과 다가올 것들에 대한 설렘을 안겨 주는 것은 다르지 않다. 이제 묵지근한 몸을 접고 하루를 마치며 기원하나니, 내 살아가는 모든 날들이 밤하늘의 별들을 바라볼 때와 같은 기쁨으로 가득하기를! 샛별을 바라볼 때와 같은 희망과 설렘을 언제나 잃지 않기를!

봄기운을 느끼며! 2월 17일

총회가 끝나고 여러 가지 일들이 발표되었다. 신설된 부서와 보강된 부서들이 봄기운처럼 기운차 보였다. 다소 걱정되는 부분이 있었지만 하느님의 보살핌으로 잘될 거라고 믿었고 또한 기도했다. 하느님은 만물을 소생시키듯이 그렇게 우리 수도원을 소생시킬 모양이다. 하지만 그분은 고통도 주실 것이다. 그것은 분명 추운 겨울을 대비시키기 위함이리라. 나무도 추운 지방에서 자라난 침엽수를 재목으로 더 알아주듯 우리도 그러할 것이다. 누가 어떠한 재목으로 쓰일지는 모르지만 분명한 것은 하느님의 뜻에 맞는 적당한 재목으로 쓰일 것이라는 점이다. 한 가지 바람이 있다면 서로들 재목으로 쓰일 것을 의심하지 말자는 것이다. 기둥이 되면 어떻고 처마가 되면 어떠하랴, 다 같이 하느님의 성전을 이루는 것은 마찬가지 아니겠는가! 모두 자기 재질대로 그렇게 알맞게 쓰였다면 그것으로 만족하고 지탱해 주었으면 한다. 그러면 많은 사람들이 그곳에서 편히 쉬리라, 아무 근심 없이 아주 편히 쉬리라, 봄기운을 느끼며….

모두 다 건강 했으면! 2월 19일

날씨가 다시 추워졌다. 이 추운 날 모 수사님은 수술을 받으러 강남 성모 병원으로 출발하였다. 별다른 병으로 수술을 받는 것은 아니지만 걱정이 되었다. 이제 누가 병원에 가서 수술을 받는다면 우선 겁부터 난다.

수도원 식구들이 모두 건강했으면 좋겠다. 우리는 책, 영화, 인터넷, 서원 등 매체 관련 사도직을 하기 때문에 육신을 많이 사용한다. 기도, 공부 그리고 공동체 생활도 게을리할 수 없기에 시간이 부족하다. 그래서 때로는 자기 몸을 돌보지 못할 때가 있다. 서로들 몸 관리를 잘했으면 좋겠다. 형제들과 수사님들의 건강한 삶을 위하여 기도해야겠다.

실수 2월 22일

늦은 오후에 영풍문고에 잠시 들렀다. 필요한 물건을 둘러보고 계산을 마치고 나서는데 레코드점이 눈에 들어왔다. 견물생심이라고 눈앞에 펼쳐진 무수한 음반을 보자 나도 모르게 발이 옮겨졌다.

한 달에 받는 얼마 안 되는 용돈을 모아서 한두 장씩 사 모은 음반이 어느새 책장 한쪽을 꽉 채웠다. 그래도 언제나 새로운 음반이 나오면 나도 모르게 욕심이 생긴다. 바쁜 걸음을 잠시 멈추고 들어간 레코드점에서는 심금을 울리는 대중가요가 흘러나왔다. '오페라의 유령' 한국어 버전이 나왔는지 물어보고 돌아서는데 특이한 점을 발견했다. 보통의 진열 방식은 작곡가나 연주가를 중심으로 배열하는데 그곳은 특이하게도 앨범에 수록된 대표곡을 중심으로 분류를 하였다. 사전식 분류라는 코너였다.

우리 수도회에서도 서원을 운영하니까 새로운 전시 방식이라면 참고가 될 것 같아 좀 더 살펴보았다. '샤콘느'를 찾아보았다. 비탈리의 샤콘느와 바흐의 샤콘느를 따로 분류하는 것까지는 좋았는데 하이페츠가 두 가지를 모두 연주했다는 사실은 미처 확인을 못했는지 하이페츠의 바흐 샤콘느가 비탈리 샤콘느 칸에 버젓이 자리를 차지하고 있었다. 카운터에 있는 분에게 씩 한 번 웃어 주고 이야기를 하려는 순간 멈칫하였다. 그리고 그냥 돌아서 나왔다.

순간적으로 든 생각이지만 무엇인가를 철저하게 준비한다고 해도 다른 사람들이 보면 분명 실수한 부분이 있게 마련이다. 작은 실수 앞에서는 가끔은 침묵의 격려가 더 큰 도움이 될 때가 있다는 생각이 들었다. 내일 또다시 가면 말없이 제자리를 찾아 주고 와야겠다. 예수님도 나의 실수를 말없이 지켜보시다가 은근슬쩍 고쳐 주실 것이다. 그러니 내가 이렇게(?) 살 수 있는 것 같다.

공 한번 차자고요 2월 23일

햇살이 유난히 좋다. 봄기운이 물씬 풍기는 날이다. 무척이나 많이 온 눈도 언제 왔느냐는 듯 눈 녹듯이 녹아내린다.

2주 전으로 기억이 된다. 수사님 몇 분이 축구를 통해서 형제애를 느끼겠다는 일념으로 삽과 곡괭이로 평소에는 주차장이다가 간혹 작은 운동장이 되는 마당에 수로를 내고 그 많은 눈을 땀 흘려 치웠다. 이 수고를 하늘은 한순간에 물거품으로 만들어 버렸다. 눈이 왔다. 하지만 수사님들은 또 한 번의 수고를 감수했다. 그러자 하늘은 이 땅에

눈을 다시 한 번 더 허락했다.

　인간의 수고도 인내도 하늘 앞에서는 너무나도 미약하기만 함을 알려 주는 순간이었다. 끙끙거리지 않고 하늘의 뜻을 따르는 삶을 사는 것이 얼마나 행복한 일인가 하는 사실을 다시 한 번 느끼도록 해 주신 수사님들에게 감사를 드린다. 따스한 봄날 공 한번 원 없이 뻥 하고 차자고요, 수사님들!

헤어지는 날　2월 25일

두 달을 같이 살아온 수원 분원 식구들이 떠나는 날, 병원에 입원한 수사님께 병문안 가려고 한참 이것저것 챙기고 나서 잘 가라고 인사하려고 막 문을 나서는 순간 수원 식구들이 탄 차가 떠나는 게 아닌가? 수사님들, 잠깐만! "인사나 합시다." 하고 소릴 질러 봤지만 못 들었는지 가 버렸다. 아쉽고 섭섭했다. 이제 여름 방학 때나 다시 만나 볼 수 있을 텐데…. 새롭게 수사님들과 올해 신학교에 입학하는 청원자 형제님 늘 기쁘고 건강하시길….

마늘　2월 26일

우리 수도회에는 구운 마늘을 드시는 분들이 계시다. 하루도 빼먹지 않고 드시는 모습이 단군 신화에 나오는 호랑이와 곰을 떠오르게 한다. 언제부터 드시기 시작했는지는 모르지만 언젠가는 사람이 되기 위해서 드시는 거겠지…? 밤마다 뒷동산의 개들이 짖는 이유가 이 때문인지도 모르겠다.

새까만 이마 2월 27일

오늘도 알차게 보낸 하루다. 하지만 마음에 걸리는 것이 하나 있다. 사순의 첫날 재의 수요일 바로 내일 벌어질 일이 좀…. 그것이 무엇이냐 하면 내일 아침 일찍부터 점잖은 수사님들과 거룩한 수녀님들의 이마에 새겨질 십자가의 색상이 예년에 비해 유난히 시커멀 것이다. 시커먼 이마로 미사를 하는 이 모습을 상상해 보면 나에게 내일 닥쳐 올 일보다 웃음이 먼저 찾아온다.

성지가지를 마냥 태우면 될 줄 알고 따뜻한 불로 확실하게 불살랐다. 아마도 성지가지를 태울 때 내가 알지 못하는 비법이 숨어 있지 않을까 하는 의문이 든다. 이것은 아직 풀리지 않는 수수께끼다.

내일 미사에 참례하는 모든 분들이 이마에 새겨진 시커먼 십자가 아래에서 마음이 너그러워지기를. 모든 분들이 사순을 충실히 보내고 영광스러운 부활을 맞이하게 되기를.

할머니 2월 28일

어떠세요? 할머니….
지내시기 괜찮으신지요?
자주 찾아뵙지도 못하고…
죄송합니다, 할머니….

오늘이 할머니 제사인데
그만 기억을 못하고 말았네요.
내일 아침에 미사 봉헌할게요.
하느님은 시공을 초월하시는 분이시니
내일 봉헌해도 괜찮을 것 같지요?

…

어제 난생처음으로 시신을 보았네요.
무서울 줄 알았는데 그렇지는 않데요….

입관 예절을 처음 보았는지라…
산다는 것이
허무하다느니 하는 생각보다는
참 편안하게 가셨구나.

하는 생각이 들었어요.

나도 저렇게 편안하고
온화한 모습으로
잠들 수 있을까 생각이 들 정도로
참으로
편안한 모습으로
누워 계시던 모습이
오래오래
기억에 남을 것 같네요.

…

할머니
손주가 기억하지 못했다고
서운해하지 마시구요.
하늘나라에서
손주를 위해 기도해 주세요.
저도 이제
까먹지 않도록
조심할게요.

하느님께 맡기는 기도

나의 하느님,
오늘 제게 무슨 일이 생길지 저는 모릅니다.
주님께서 영원으로부터 저의 더 큰 선을 위하여
미리 보고 마련하신 것 외에
다른 일은 일어나지 않으리라는 것을 알 뿐이오나
그것으로 넉넉합니다.
영원하시고 헤아릴 수 없는 주님의 계획을 받들고
주님께 대한 사랑으로 온 마음을 다해 이를 따르며
나의 구세주이신 예수님의 희생 제물에 합쳐
저의 온 존재를 당신께 제물로 바칩니다.
예수님의 무한한 공로에 의지하여
그분의 이름으로 비오니
주님께서 원하시거나 허락하시는 모든 것을
주님의 영광과 저의 성화를 위하여
어려움 중에 참고 견디며 온전히 순종하게 하소서. 아멘.

(「바오로 가족 기도서」 28쪽)

3 월

옹기종기 3월 2일

수원 분원에 내려왔지요.
쉼 없는 생활이 계속되더군요.
식구가 갑자기 늘었습니다.
청원자 형제들부터 유기 서원자 형제들까지
모두 8명. 작년은 3명.

식탁에서도 옹기종기, 경당에서도 옹기종기,
저마다 어깨가 닿을락, 무릎이 닿을락…
그러나 행복합니다.

어려움도 있겠지요.
하지만 사랑도 넘치겠지요.
그러나 두려움이 앞서는군요.

그래서 기도합니다.

공놀이 3월 4일

지금 눈이 내리고 있다.
수도원을 가득 메우고 있다.
눈송이는 내 손 위에서 작은 공이 된다.
형제들과 수녀님들의 얼굴이 동안이 된다.

고개를 들고 바라보니
학교 담장 너머에도 눈이 가득하다.
그곳에서도
발그레한 얼굴들의 작은 공놀이가 있겠지.

전에 좋아하던 노래 3월 5일

학기가 시작하면서 수요일마다 성바오로딸수도회 수녀님들의 포럼
교육을 받게 된 덕에 어제는 오랜만에 밤길을 걸었다.

영화 속처럼 어둑한 길.
바람에 높은 나뭇가지 흔들리고
먼데 있는 불빛이 아득하다.
추위에 옷깃을 여미고

주머니에 손을 찌른 채 노래를 부르며 길을 걸었다.

간다간다 하더니만
끝내 가데 그려~

이상하게 이제는 전에 좋아하던 노래를 부르지 않게 되었다. 대신 기억에도 희미한 고교 시절에 배운 가곡 같은 걸 부른다. 내가 부르는 노래는 지금의 나를 표상한다. 슬픈 노래도 사랑 노래도 부르지 않게 된 지금 나는 무슨 생뚱한 도인 같은 게 되어 있는 걸까…. 밤길을 걸으며 혼자 해 본 생각.

만보 걷기 3월 7일

로사리오 5단 천오백 보.
성당 방문 5회에 오백 보.
식사 시간 3번으로 이백 보.
아침 청소 때 오백 보.
저녁 성당 청소 때 삼백 보.
사도직 시간 보급소, 2창고, 소금창고, 토끼장과 사무실 보수 공사에 삼천 보.

수도원 내에서는 대략 하루에 육천 보 정도를 걸을 수 있다. 그러나 매주 목요일 야간 축구 때 사천 보! 이렇게 해서 하루에 만 보를 걸을 수 있다. 하지만 공을 안 차는 날이 많으니 매일 묵상 중에 끊임없이 주님께로 나아가기 위한 발걸음을 멈추지 말아야겠다.

여기가 어디? 3월 10일

새벽에 대구로 가는 기차를 잡아타기 위해 서둘러야 했다. 겨우 기차를 타고서 자리를 잡자마자 곯아떨어졌다. 간밤에 잠을 설쳐서 그런지 잠이 부족했던가 보다. 다행히도 동대구역을 지나치지 않고 내릴 수 있었다. 오래전에 동대구역에 내리려고 하는데 '여기가 대전이에요?'라고 물어보던 어떤 아주머니가 생각났다. 혼자서 피식 웃으면서 내렸다. 조금은 찬바람이 마중 나왔다.

  사실 근래에 잠을 잘 잤다는 느낌을 가진 적이 없다. 조금 일찍 자면 꼭두새벽에 일어나 엎치락뒤치락하다 아침을 맞거나 조금 늦게 자면 기상 시간을 맞추기가 정말 어렵다. 무슨 부질없는 생각이 그리 많은지 아마도 이 세상의 걱정을 혼자 다하는 것일까?

  아직도 자유롭지 못함을 깊이 통감한다. 아마도 죽는 그 순간까지 수양해야 무엇이 될 듯하다.

새 떼 한 숲에 깃들더니… 3월 13일

새 떼 한 숲에 깃들더니
날이 밝자 뿔뿔이 흩어져 날아가네.
우리네 사는 것이 이와 같거니
눈물로 옷깃을 적실까 보냐.

衆鳥同林宿 天明各自飛
人生亦如此 何必淚粘衣

재연 스님의 책을 읽다가 아름다운 시를 한 편 발견했다. 어느 스님의 시라고 하는데 지은이의 정확한 이름은 잊어버렸다.
  그동안 수도회에서 우리를 위해 열심히 일하고 기도해 주시던 수녀님이 소임지를 옮겨 가시게 되었다. 5년 가까운 시간 동안 늘 밝은 웃음으로, 따뜻한 사랑으로 우리를 보살펴 주시던 수녀님. 수녀님을 보내는 마음도 섭섭하지만 떠나는 수녀님도 그 마음은 같으시겠지. 그래도 인간적일 수만은 없는 수도자의 삶. 보내는 사람도 떠나는 사람도 낯빛이 변치 않고 미소를 잃지 않는다.
  예전에 멀리 선교지로 떠나는 선교사들은 평생 다시 못 볼지 모를 형제, 자매들과 "떠나자, 세상 끝까지, 만나자, 하늘나라에서"라는 말로 인사했다고 한다. 새로운 소임지에서 새롭게 하느님의 사랑을 살게 될 수녀님께 하느님의 축복이 가득하기를!

산이 된다 3월 15일

걷다 서면
나무가 되고
가다 앉으면
바위가 되고

감은 눈, 비스듬한 마음이
바람 맞으면
꽃이 된다.

이름 없어도
이름 몰라도
평온한 산새의 노래가 되는 날,

굳이
맨 꼭대기 아니어도
땀방울 식혀 줄 사랑 있고
굳이 하늘 아니어도
하늘을 품을 여백 있는

나는

점점

산이 된다.

잠들기 전에 3월 16일

장을 열고 담요를 꺼낸다.
한 사람이 깔고 덮을 수 있는 크기.
조촐하다는 말은 이런 데 쓰는 말일 게다.
세상에 태어나 내가 깃드는 곳,
작은 방과 작은 책상과 작은 담요들…
작은 방에 사는 한 사람이 때로 마음에 든다.

건축을 하시는 수녀님하고 얘기를 나눌 기회가 얼마 전에 있었는데 실은 나도 건축가이겠다는 생각을 했다. 나는 내 영혼이 깃드는 집을 짓는다(실은 누구나 그렇지). 사람이 집을 짓는 것처럼 지어진 집도 그 사람을 닮는다. 내 영혼의 집인 나도 그렇겠지. 나의 삶이 내 모습을 만들어 가는 거니까. 얼굴이라는 말이 얼(영혼, 정신)의 꼴이라는 말을 법정 스님의 책에서 읽은 것 같다. 오늘 집에 가면 오랜만에 거울이라도 들여다볼까나.

귀여운 아기는 풍선을 잡고 3월 19일

따스한 봄날 아기가 아장아장 문밖을 나왔다. 성큼 자란 후박나무를 신비스럽게 감싸던 안개도 말끔히 사라지고 아침 이슬 맺혀 떨어진 산새 둥지에 분주하게 노래를 부르며 차린 식탁 위로 해는 떠오른다. 밤새 손님을 지키다가 잠을 설친 강아지는 앞발을 모으고 기지개를 켠다. 어느새 올라왔는지 모르게 푸릇푸릇한 쑥이 언덕배기 위로 얼굴을 내민다. 조심조심 걸음을 옮기다가 아기는 등나무 뿌리에 걸려 넘어졌다. 겨우겨우 일어섰는데 시원한 봄바람이 '휘잉' 하고 불어와 이번에는 말라 버린 밤송이에 엉덩이를 찔렸다.

이렇게 걸음마를 배우는 아기는 무엇인가에 집중을 하며 앞으로 나아간다. 확실히 보이지만 희미하게 생각나는, 알고는 있지만 막상 입을 열 수 없는, 잡았는가 싶었는데 하늘 위로 날아가는 풍선을 쫓아 아장아장 걸어간다.

항아리 이야기 3월 18일

장독대에 항아리들이 모여 있었습니다. 큰 항아리, 작은 항아리, 예쁜 항아리, 못생긴 항아리…. 모두들 제 위치에서 자신들의 자리를 잘 지키고 있었지요. 어느 날 장독대의 땅이 고르지 못해서 고르는 작업을 하게 되었어요. 물론 모든 항아리들은 한쪽으로 치워졌고, 작업이 끝나면 다시 옮겨지기로 했지요.

    깨끗하고 반듯해진 장독대는 항아리들이 보기에 너무 좋아 보였습니다. 그때부터 항아리들의 자리다툼이 시작되었어요. 다들 햇볕이 잘 들고 제일 높은 자리에 놓이려고 서로를 밀어 내고 있었죠. 그때 제일 힘세고 잘생긴 항아리가 나서면서 "이 자리는 내 것이야. 불만 있는 항아리 있으면 나와!" 힘으로 보나 외모로 보나 그 항아리가 제일 뛰어났기에 아무도 반대할 수 없었어요. 그래서 그 큰 항아리가 좋은 자리에 놓이는 것으로 결정이 되었답니다. 큰 항아리를 기준으로 해서 크기와 생김새별로 차례로 자리가 정해졌어요.

    주인이 왔습니다. 그런데 제일 좋은 자리에 있는 큰 항아리를 보더니 인상을 찌푸리고 제일 뒷자리로 옮기는 것이었습니다. 알고 보니 그 큰 항아리는 깨진 항아리였어요. 그리고 제일 끝에 있던 작고 초라한 항아리를 좋은 자리로 옮겨 놓는 것이었습니다. 그 작은 항아리 안에는 가장 맛있는 장이 담겨 있었어요. 결국 자신의 외모만 믿고 좋은 자리를 차지했던 큰 항아리는 멀리 쓰레기장에 버려지고, 초라하고 쓸모없을 것 같던 항아리는 제일 사랑받는 항아리가 되었답니다. '자신을 높이는 자는 낮아지고, 자신을 낮추는 자는 높아집니다.'

    꽤 마음에 드는 이야기를 지어 흡족한 하루이다.

제멋대로 3월 19일

사람의 마음은 워낙 이기적이라 나에게 이로운 것만을 추구하다 보면 그 길이 어디로 가게 되는지 알 수가 없습니다. 제각기 자기 입맛을 고집하며 한 가지 요리에 제멋대로 양념을 넣다 보면, 나중에 요리를 해 놓았을 때 어떤 맛이 날까? 재미있는 상상을 해 봅니다. 공동체 안에서 살아간다는 것이 쉬운 일이 아님을 알기에 상대방을 배려하는 방향으로 살아가는 그만큼 마음은 더 넓어지리라 생각해 봅니다.

동행, 홀로, 함께 3월 20일

티 없이 맑은 하늘을 머리에 이고 성바오로딸수도회 관구에 다녀왔다. 어제까지 하늘이 누렁이 빛으로 내 눈에 들어와서 그런지 오늘은 더욱 맑게 보인다. 가는 길에 '마리오 수사님'표 포도주와 나와 같은 해에 입회한 자매와 함께했다. 나의 첫 서원을 축하한다며 자신도 드디어 이 달 25일에 입수련을 하게 된다고 했다.

   하느님 안에서는 함께 걸어가는 동반자이지만 걸어가는 길은 각자 조금씩 다름을 알 수가 있다. 이런 의미에서 결국은 혼자라는 것인가? 하느님 안에서 어떻게 함께할 수 있을까? 이런저런 생각을 하다가 입수련을 하게 되는 자매에게 따스한 말 한마디 건네지 못한 나의 무뚝뚝함이 못내 아쉽다.

누워서 침 뱉기 3월 22일

아침에 일어나서
저녁에 잠자리에 들기까지
얼마나 많은 침을 뱉었는가?
그것도 누워서….
불쌍한 내 영혼아.

동판에 새겨진 주님 말씀 3월 23일

오전은 성당에서 지냈다. 성당 제대 오른쪽에 있는 동판으로 새겨진 말씀을 닦았다. 한 글자 한 글자 집중해서 닦는데 문득 말씀이 너무 많다는 생각이 들었다. 글자 수를 세어 보니 서른 글자였다. "나 너희와 함께 있으니 두려워말라, 나 여기서 비추리라, 너희 죄를 뉘우치라." 만약 열두 글자로 줄여 본다면 어떨까 생각해 보았다. "나는 길이요, 진리요, 생명이다."(요한 14,6) 두 글자로 줄여 본다면 어떨까 생각해 보았다. "나다!"(마태 14,27)

저녁 식사 후 부활절에 사용할 마리오 수사님 포도주를 꺼냈다. 오래 두어도 변하지 않는 포도주는 품질이 좋은 것이다.

지혜가 필요하다 3월 24일

'칼'은 강도에게 주어지면 흉기가 되지만 음식을 만드는 이의 손에 주어지면 사람들을 양육하는 생명의 도구가 된다. '필기구'도 악인의 손에서는 남을 모함하거나 죽음으로 내모는 말들을 토해 내지만 선한 이의 손에서는 절망과 두려움, 화를 잠재우는 사랑의 도구가 된다.

'돈'도 그러하다. 누구의 수중에서 어떻게 쓰이냐에 따라 사랑의 생명력을 분출하기도 하지만 반대로 액면가의 값어치도 얻지 못하고 허무함만을 남겨 놓기가 일쑤고 사용자의 삶을 송두리째 부패시켜 놓기도 한다. 더 무서운 것은 그렇게 되는지를 본인도 모른다는 것이다. 그렇기 때문에 수도자들이 가장 경계해야 할 부분일 것이다. 지혜가 필요하다. 사랑의 지혜가….

바람이 좋다 3월 25일

저는 바람이 좋습니다. 특히 요맘때의 바람은 더더욱. 그 안에 먼지가 조금만 적다면…. 좋아하는 바람이 꾸준히 불어 주면 좋은데 꼭 그렇게 원할 때는 사라집니다. 정말 바람은 제멋대로입니다. 내가 할 수 있는 것은 내맡기는 것. 창문을 열어젖히고 기다리는 수밖에. 창문을 열어 놓고 기다리다 보면 햇살이 따갑게 들어오기도 하고 먼지도 한 자리 차지하고 때로는 비가 들이치기도 하고 밤에는 쌀쌀합니다. 그러나 내가 바람을 맞이하기 위해선 닫지 말고 기다려야 합니다. 아님, 밖으로 나가든가.

때론 무섭게 들이치는 바람이 무서워 창문을 꼭꼭 닫아걸기도 합니다. 닫아도 그 바람은 창문의 멱살을 잡고 마구 흔들며 집을 날려 버릴 기세로 몰아칩니다. 이 무슨 변덕입니까? 그때에 망설이지 말고, 겁먹지 말고 내 손으로 창문을 힘껏 열어젖혀야 합니다.

이제 일기를 접고 저는 바람을 맞으러 옥상에 올라가렵니다. 가슴 하나 가득 담아 보렵니다. 그래도 먼지 가루는 싫은데, 잉….

오래된 사진첩　3월 27일

성주간을 보내기 위해 미아리 본원에 왔어요. 본원 정문에 들어서니 활짝 핀 개나리들이 반기더군요. 그리고 그 뒤로 아직 수줍은 듯 숨어 있는 하얀 목련이 보였어요. 어찌나 반갑던지 저도 활짝 웃어 주었지요. 그 모든 것들에게 다가가는 느낌들이 작년과 다르더군요. 뭐랄까? 오래된 사진첩의 사진이라고나 할까요?

사진 이야기가 나와서 말인데, 본원에 오기 전에 집에 들렀답니다. 아버지께서 투석을 받으시기 위해 병원에 가시고 집에 저 혼자 남았을 때 우연히 서랍장을 열어 보았어요. 그런데 부모님께 버려 달라고 부탁했던 앨범이 있더라고요. 그래서 그 앨범을 들추어 보았지요. 기분이 묘하더군요. 첫 장, 두 번째 장… 그렇게 마지막까지 보고 난 후 생각했어요. '참 소중하다! 그런데 지금 나는 어떤 추억들을 만들고 있지? 훗날 내 마음의 사진첩을 펼쳐 보았을 때 처음처럼 아름다울까?' 자신이 없더군요. 스스로의 삶에 책임질 나이가 훨씬 지났으면서도…. 그러나 아직 채울 사진들이 많기에 저 자신을 다시 추슬러 봅니다.

배고파 보셨죠? 3월 29일

성금요일 아침은 단식이다. 평소에는 '아침 한 끼 정도야 굶어도 괜찮지.' 하는데 꼭 사순 시기만 되면 배가 고파서 하늘이 노래지는 건 무슨 이유일까? 요맘때만 되면 고기가 그렇게 당기는 건 무슨 이유일까? 오늘도 아침에 기도 끝나고 열심히 성가 연습에 임한 덕분에 더욱 허기진 배를 이끌고 노란 하늘을 바라보며 식당을 그냥 지나쳐야만 했다. "아~ 배고파!"

사순 시기에는 배고픔의 악마가 더욱 활기를 띠는 때인 듯하다. 그 악마를 이겨 내지 못하고 야심한 밤에 라면으로 충만함의 기쁨을 누리는 경우도 아주 가끔 있다. 정말 아주 가끔이다. 하지만 다음 날 얼굴이 퉁퉁 붓는 충만함까지 얻게 되니 별로 달갑지는 않다.

굶음… 배고픔…. 옛 교부들께서는 배고픔을 밥 먹듯 하셨다. 그러면서도 뛰어난 영성과 체력을 유지할 수 있었던 건 산삼을 캐서 먹었다거나 보양식을 드셔서가 아니다. 그 고통 안에서 진정한 양식을 찾아 마음으로 섭취하셨던 것이다. 진정한 양식이란 '하느님에게서 나오는 그 무엇'이리라.

　수도자로서 성장하기 위해서는 그런 '하느님의 무엇'을 얻어야 한다. 배고픔의 고통, 외로움…. 그 안에서 하느님의 '그 무엇'을 찾으려는 노력이 필요하기에 지금 우리는 이 고통을 안고 인내하는 것이리라. "배고픈 나의 육신이여, 그러나 충만한 나의 영혼이여."

내 안의 목련　3월 30일

부활 1시간 30분 전.
이 시간이 오기까지 무수한 일들이 나를 지나쳐 갔다.
성목요일과 성금요일 그리고 오늘.
2-3일 동안 형제들과 함께 살아간다는 것이 어떤 것인지
새로이 느낄 수가 있었다.
서로의 살과 살들이 부딪치면서 또한 눈빛과 눈빛이 부딪히면서.

봄비가 부슬부슬 내린다.
이 보슬비에 수도원에 핀 목련이 떨어지지 않을까?
예수님의 부활의 영광과 함께 내리는 은총을
나만의 꽃을 지키느라 받지 못할까 두렵네.

내가 사랑이기에 당신도 사랑이다 3월 31일

그리움이 스치는 오후이다.
"사랑을 가득 담았구나!" 생각하면
모자라고 부족한 사랑이 떠오르는 내 가슴
내가 사랑이기에
당신도 사랑이라고 살랑이는 물결이 친다.
부활절 오후에.

미사성제의 봉헌

지극히 거룩한 성삼이시여,

하느님의 말씀으로 단 한 번 바쳐지고,

지금 당신 사제의 손을 통하여

제대 위에서 새롭게 바쳐지는 이 희생 제물을 받아들이소서.

저는 사제요, 제물이신 예수그리스도의 지향에 따라

당신의 영광과 모든 이들의 구원을 위하여

온전히 바쳐지기를 바라나이다.

예수 그리스도를 통하여

예수 그리스도와 함께

예수 그리스도 안에서

당신의 영원하신 엄위를 흠숭하고,

당신의 무한히 선하심에 감사드리나이다.

손상된 주님의 의로우심을 보속하고,

교회와 저의 친지들 그리고 저를 위하여

당신 자비를 간청하나이다.

(「바오로 가족 기도서」 46쪽)

4월

분명히 멀쩡한 허리였다 4월 1일

옛날 나를 가르치신 선생님 중에 등산을 증오하다시피 하는 분이 계셨다. "도로(다시) 내려올 걸 뭐하려고 올라가노?" 그분의 지론이시다. 나는 그분을 대단히 존경하는 입장이었으므로 당연히 등산도 사람이 할 일이 아니라는(?) 생각을 오랫동안 하고 있었다. 오늘 그 등산을 갔다. 어느 산으로 가는지도 모르고 일단 떠났는데 하하하. 수락산일 줄이야(내게는 수락산에 얽힌 악몽이 있다). 선입견이란 참 사람을 곤란하게 만든다. 올라갔다 오면 별 것도 아닌데 그 선입견이라는 것 때문에 출발 때면 갑자기 감기 기운이 돌고 멀쩡하던 허리가 아프다.

등산이 도마에 올랐지만 실은 사람 사는 일 전반이 다 그런 것 같다. 겪어 보면 아무것도 아닌 일인데 어떤 선입견이 머리에 박혀 있으면 시작도 하기 전에 피곤해지거나 어떤 일을 하면서 내내 불편하다. 해결 방법은 없을까. 준주성범은 자신의 주견을 너무 믿지 않기를 권하고 행정학을 하셨던 분은 객관성을 확보하라고 권한다. 둘 다 사람이 그리 쉬이 할 수 있는 일은 아닌 듯하다. 그렇다고 애초에 포기할 수는 없으니 밑져야 본전이라고 한 번 시작해 볼 만한 일인 것은 분명하지 않을까…

아 보고 싶다 1 4월 2일

수도원 담장을 개나리들이 점령했다. 이 담장 안에서 사내들의 함성 소리가 울려퍼진다. 며칠 전에 입회한 지원자 형제와 처음으로 하는 물통 축구다. 바오로 형제는 데뷔전이면서 몇 골이나 넣었다(내가 넣은 게 아니라 정확히 기억나지 않는다). 지금까지 내가 넣은 골만큼 넣었나? 물통 사이에서 동료애가 깊어 갈수록 함께하지 못하는 수사님들이 그리워진다.

이렇게 부활의 생기가 수도원에 감돈다. 이역만리에 있는 분들에게도 부활의 기쁨이 가득하기를 바라며….

수도원에 목련이 4월 3일

어느덧 수도원에 있는 목련이 꽃망울을 터트리고 활짝 피어 있는 것을 오늘에서야 보고 그동안 얼마나 바빠 살아왔으면 꽃이 활짝 핀 것도 몰랐을까 했습니다. 건강할 때는 이렇게 주변의 것을 잊고 지내다가 감기가 걸린다든지 몸살이 걸려 조금은 행동이 부자연스러워지면 주변을 살피게 되나 봅니다. 이제 목련이 피었으니 이어서 피는 꽃들로 수도원이 꽃밭이 될 것을 생각하니 마음까지 환해지는 듯합니다. 아픔을 통해 이렇게 새 생명에 동참하나 봅니다.

댁이 왜 제 방에 계시는지요? 4월 4일

별로 하는 일도 없는 것 같은데 뭐가 그리 바쁜지 한동안 방청소를 못 했다. 오늘은 더 이상 방치할 수 없다고 판단, 짬을 내서 청소기랑 걸레를 들었다. 수련소로 오면서 줄이고 줄인 짐이다. 인생은 나그넷길, 길 떠나는 나그네가 박스로 5개나 되는 책이랑 잡동사니, 옷 가방도 2개나 들고 무슨 여행을 하겠다는 것이오, 하면서 득도한 사람처럼 없애고 주고 버려서 겨우 줄인 짐인데 불과 두 달 만에 예전 수준을 거뜬히 회복한 것 같다.

  사람이 사는 데 정말 이 많은 것들이 필요할까? 물론 공동으로 사용하는 비품은 뺀 것이다. 오로지 내 개인적인 필요로 쌓아 둔 물건이 이렇게까지 필요할까? 사실 필요할 것 같아서 가져올 때 딱 한 번, 그러고 나서는 왜 이게 여기 있게 됐는지 기억도 나지 않는 것들이 많다. 그것 참, 이것도 사람 사는 신비 중 하나에 들까? 이걸 어떻게 다 처리할지 또 걱정이다. 이래저래 가진 것은 사람을 골탕 먹인다.

아 보고 싶다 2 4월 7일

해외에서 공부하면서 제일 그리운 것이 형제들과의 물통 축구다. 함께 소리 지르고 밀치고 하면서 몸을 부딪치다 보면 어느새 이루 말로 표현할 수 없는 행복감이 온몸을 휘감았던 기억이 난다. 특히 축구를 끝내고 형제들과 마셨던 맥주의 맛은 잊을 수 없다.

이제야 말이지만 물통 축구를 처음 제안한 사람이 바로 나다. 감자, 고구마라고 쓰여 있는 물통들은 내가 수련기 동안 뒷동산에 물을 나를 때 썼던 녀석들이다. 그해 감자들이 너무 물을 많이 먹어서 웃자라 버렸기에 축구장으로 유배를 보냈는데 지금도 운동장에서 톡톡히 제 몫을 하고 있다니 대견하기 그지없다.

한국에서는 견적이 안 나와서(?) 미국 와서 공부하는 나를 보면 가끔 물통 생각이 난다. 공이 조금만 스쳐도 운동장에 있던 우리 모두는 그 소리를 들을 수 있다. 바쁘게 뛰어다니는 중에도 언제나 마음 한구석에는 늘 그 '팅' 하고 울리는 물통 소리를 기다리고 있기 때문이다. 운동장 한구석에 뚝 떨어져 있지만 언제나 형제들 모두의 마음속에 자리 잡고 있듯이, 나도 미국에 있지만 언제나 형제들 마음속에 자리 잡고 있다는 것을 느낄 때면 이루 말할 수 없는 행복감을 느낀다. 수도 생활이 힘들지 않느냐는 질문에 말없이 미소로 대답할 수 있는 이유는 분명 형제들의 사랑 때문이다.

형제들이여 나를 기다려 주시오. 내 빠다 먹고 힘내서 공부하고 있으니 언젠가 수도원 앞마당에 컴백하는 날 우리 온몸이 부서지도록 한 번 뛰어 봅시다.

아 보고 싶다 3 4월 8일

나는 네가 지난 시절에
운동장에서 한 일을 알고 있다. 흐흐흐….

그 해진 난닝구…
출렁이는 뱃살들의 웨이브…
조금만 스쳐도
넘어가는 할리우드 액션….

넘 보고 싶어요.
그저껜가는 그대와 깊은 포옹을 하는
꿈을 꾸었다오.

물통 축구하는 그날까지…
몸매 유지 잘하셔요.
건강하시고…
공부도 열심히 하시고…
안녕.

신앙이 먼저인가 이성이 먼저인가 4월 9일

저는 배움을 실천하기엔 좀 버거운 나이랍니다. 물론 배움에는 나이가 상관없다고 하지요. 하지만 힘든 거는 사실이거든요. 그러나 그 힘듦을 극복할 수 있는 것은 '앎'의 기쁨이 있어서입니다. 예전에는 신앙생활에 있어 이성적 사고는 그리 중요하지 않다고 생각하였지요. 그런데 요즘은 이성적 '앎'이 저의 신앙을 더욱 견고하게 함을 부인할 수 없습니다.

지금 저에게 누가 이성이 먼저요, 신앙이 먼저요? 하고 물어본다면 저는 그에게 그 둘은 어느 것이 먼저인지 우위를 가릴 수 없다고 자신 있게 말할 수 있습니다.

어설프지 않게 정말 깊이 있는 학문을 한 사람을 대면하면 그리 겸손할 수 없어요. 신심 깊은 이도 마찬가지고요. 그들은 어떤 사람을 만나더라도 항상 그 겸손의 자세로 자신을 세우더군요. 그것이 진정한 '서 있음'이 아닌가 싶어요.

이성도 진리를 추구하며 신앙도 사랑을 근간으로 하는 진리이신 그분을 대면하는 것이니 둘 다 올바로 '서 있음'을 추구한다고 할 때 이성도 신앙도 둘 다 통하는 점이 있는 것 같아요. 겸손을 향해 있는 그 둘의 우위를 가릴 수 없는 것이겠지요! 안 그런가요?

꽃들처럼 4월 11일

수도원에 벚꽃이 한창이다.
오고가는 사람들이 감탄하며 카메라 폰으로 사진을 찍는다.
그 꽃들처럼 우리 마음들도 환하였으면 좋겠다.
사람들의 마음이 그렇게 환하고 예쁘다면
어느 누가 얼굴을 붉히고 살겠는가!

또 다른 이별 4월 13일

오늘 한 형제가 공동체를 떠났습니다! 제가 수도원에 입회한 날부터 줄곧 동기로 생활하며 함께 지냈기에 더욱 가슴이 저려 옵니다! 떠나간 형제는 떠날 수밖에 없는 이유가 있겠지요? 형제가 떠난 사건 속에는 저희가 감히 헤아릴 수 없는 하느님의 오묘하신 뜻이 있겠지요? 눈물이 고이고 가슴이 먹먹해지는 걸 막을 수 없네요. 떠난 형제가 사랑이신 하느님의 품에서 더욱 강건해지기를 기도합니다.

대지를 뚫고 나오는 4월 14일

그동안 이 일 저 일에 신경을 쓰다가 오래간만에 뒷동산에 올라가 보았습니다. 겨울을 날 수 있을까 걱정했던 새싹들이 하나둘씩 올라오고 있었습니다. 그중에서도 더욱 반가웠던 것은 페퍼민트라는 이름을 가진 허브였습니다. 죽을까 봐 낙엽으로 덮어 두었는데 새싹이 파릇파릇 올라오고 있었던 것입니다. 다른 것들도 둘러보았는데 단단한 땅을 뚫고 올라오는 아직은 알기 힘든 새싹을 발견하였습니다. 작년에 키웠던 그 위치의 식물이라면 둥굴레라고 기억을 하는데 조금 더 지켜보아야겠습니다. 제가 식물을 바라보듯 주님이 우리를 보실 것 같습니다.

얼마 전까진 4월 16일

얼마 전까지만 해도
벌써 여름이라며 반팔을 입고 다녔는데
오늘은 무릎까지 시리다.

얼마 전까지만 해도
벚꽃이 참 예쁘다고 좋아했는데
오늘은 꽃까지 얼어 버린 것 같다.

창가에서 4월 19일

모처럼 비도 내렸고 황사도 거의 걷힌 날이었습니다. 학교 도서관 유리창에는 황토가 묻어 있었습니다. 공부를 하다가 잠시 창밖을 물끄러미 보고 있었는데 바람이 제법 불고 있었고 길가에는 한 할아버지께서 쓰레기통을 비우고 계셨습니다. 눈으로는 그런 풍경을 보고 있지만 귀에는 문소리와 책장 넘어가는 소리가 들리더군요.

참 이중적이란 생각이 들었습니다. 이곳에 앉아 밖에서 벌어지는 일들을 보고 있지만 실상은 여기 안에서 마치 내려다보듯 할아버지를 보고 있으니…. 눈만 살아 있는 우주인 같다는 생각이 들더군요. 세상을 제대로 살기 위해서는 창을 건너 저기로 가야 한다는 생각이 어렴풋하게 들었습니다.

서당 개 삼년 4월 21일

수도원에 강아지 두 마리가 있다. 한 마리는 서너 살쯤…? 또 한 마리는 2~3개월쯤… 되었을까? 큰놈 이름은 백두… 작은놈 이름은 양두… 둘이 사이좋게 잘 지낸다.

내가 알고 있는 개들은 밥그릇을 앞에 놓고는 막말로 아비 어미도 몰라보는 관계가 되는데 이놈들은 웃기지도 않게 큰놈이 작은 놈에게 일방적으로 양보한다. 밥그릇에 머리를 박고 먹다가도 작은놈이 자기 것을 놔두고 큰놈 밥그릇을 향해 덤비면 그대로 물러난다. 깨끗이….
 기특한지고. 큰놈이 너무나도 기특하다. 작은놈이 오고 나서 큰놈에 대한 관심이 줄어들었었는데, 그래서 그런지 큰놈에 대한 정이 부쩍 커졌다. 사람들도 자기 밥그릇을 앞에 놓고는 양보하기가 쉽지 않은데 개가 이런 수준의 덕을 갖추고 있다니 참으로 놀랍다. 사람 같은 개… 개 같은 사람…. 나는 어디에 속할까?

누군가의 앞에 선다는 것 4월 24일

매주 국어 시간에 5분 동안 자유롭게 발표하는 시간을 갖고 있습니다. 주제도 다양하고, 말하는 태도도 다양하더군요. 그런데 모두 다 하나같이 왜 그렇게 떠는지… 경험이 별로 없는 사람은 더 심합니다. 너무 떠니까 준비했던 말도 제대로 못하고 횡설수설합니다. 교수님께서는 연습이 필요하다고 하시면서 경험이 중요하다고 하셨죠.
 이런저런 행사에, 나름대로 벅찬 공부에… 그래서 기도 시간이 줄어듭니다. 기도도 사람들 앞에서 이야기하는 것과 같죠. 꾸준히 하지 않으면 서툴러지고 떨게 되고… 이제 국어 시간에 발표하는 건 편하게 할 수 있는데 하느님 앞에서 말하기가 떨리고 힘듭니다. 다시 주님 앞에서 편안하게 이야기하고 안길 수 있는 시간을 되찾을 수 있기를….

꽃잎 흩날리네 4월 25일

똥그랗게 웅크리던 새순에 물이 차올라 어느덧 꽃망울을 터트리고
봄바람의 등살에 하염없이 꽃잎 흩날린다.
3년간 숨을 죽인 더덕이 부드러운 줄기를 내보이며
올 여름 햇살에 찌르는 향기를 바람에 실어 보낼 채비를 차린다.
하얀 매화꽃으로 단장한 하늘은 가볍게 눈부시고
흐드러진 연분홍 왕벚꽃 잎은
철부지 아낙네 볼처럼 수줍게 피어올랐다.
부드럽게 잘려 나간 두릅나무 새순 뭉치에 목이 메면
늦게 밀고 나와서 남은 자리를 차지한 가시 우산이 대차다.
짙푸르지 않은 산은 돌아앉아서 풋내음에 소쩍새 소리가 부담스럽고
이내 울어 대는 까마귀에게
중천을 빼앗긴 이 내 마음도 물들어 오른다.

땅콩의 사명 4월 28일

바람이 시원하게 불어오는 저녁이다. 어제 심은 땅콩을 위해서 물을
주고 왔다. 대지라는 옷을 꼭 껴입고 어머니 대지로부터 젖을 먹고 그
따스함을 우리의 이웃들에게 알리는 사명을 가진 너 땅콩, 우리들의
땀을 잊지 말고 부디부디 잘 자라다오.

오늘 우리 가족들도 땅콩이 되었다. 피정을 통하여 한 달을 살아갈 영양분을 섭취하였다. 우리들도 자신의 사명을 충실히 수행할 수 있기를. 땅콩보다는 더 잘 살아야지.

주님 살려 주세요   4월 29일

　나무를 심었습니다. 단풍나무였습니다. 누가 심으려고 했는지 쑤욱 뽑아 놓고 잊었는지, 아니면 귀찮았는지, 뿌리가 허옇게 말라 버린 모습이 안쓰러워 아직 생기가 남아 있는 것들을 골라 수사님들과 함께 정성스레 심었습니다. 심고 나서도 마음이 놓이지 않더군요.
　생각했습니다. 혹시 내가 다른 사람들을 그렇게 뿌리째 뽑아 놓고는 그냥 나 몰라라 하지는 않았는지… 부끄러웠습니다. 아무쪼록 저 나무들이 잘 살아 곱게 물들었으면 합니다. '주님 살려 주세요.'

흰 종이   4월 30일

바람이 잎새를 흔들며
자신이 있음을 남기듯
가슴이 흰 종이가 되었기에
백지만 뚫어져라 쳐다보다

이렇게 몇 줄 흔적 남긴다.

곧 5월이다.
흰 종이 위에
아름다운 여인 하나 깃들기를.

통신물을 읽고 사람을 만나기 전에
(또는 통신 사도직을 하기 전에)

스승 예수님,

제 지성을 비추시어 제게 글을 쓰는 사람이나

제게 말하는 사람의 마음을 잘 이해하여

올바로 알아듣게 하시고,

당신 안에서 당신 뜻대로 대답하게 하소서.

그들과 제 마음을 준비시키시어

당신의 영광과 사람들의 평화만을 찾게 하소서.

(「바오로 가족 기도서」 275쪽)

5월

산행 5월 1일

첩첩산중의
첫 번째 단계는 '자신만만, 위풍당당'이고,
두 번째 단계는 '다 왔겠지'이고,
세 번째 단계는 '아이고, 힘들어'이고,
마지막 단계는 '차라리 즐기자'이다.

지원자 형제들과 도봉산을 올랐다. 2년 전에 한 번 간 적이 있는데, 산이 워낙 유명한지라 사람들이 너무 많아서 정상까지 못 가고 우이암으로 돌아왔었다. 이번에는 자운봉으로 해서 만장봉까지 올라갔다. 정상까지는 처음 가는 길이라서 멀게 느껴졌다. 단숨에 올라가고 싶었지만 몸이 말을 듣지 않았다. 한 고개 올라서면 더 높은 산이 나오고, 또 한 고개 올라서면 그보다 더 높은 산이 나오고, 정상 가까이 갈수록 계곡물은 바위틈으로 말라 들어가고 땀과 함께 흠뻑 젖은 몸은 물을 원하고, 말라 버린 목구멍은 심장 고동 소리를 담아 뜨거운 소음을 토해 내고 있었다. 이렇게 만장봉에 올라서니 기분이 상쾌하고 마음이 즐거웠다.

오월은 성모 성월이다. 위로의 성모, 고통의 성모, 바다의 별, 하늘의 문, 사도의 모후… 성모님께서 오늘 나에게 주는 메시지는 무엇일까? 자신만만했던 행동이 차츰 피할 수 없는 고통으로 변할 때 즐기고 즐기자, 아니 즐겁게 즐기자!

짜장면 5월 2일

간만에 중국집에 다녀왔는데요.
꿈에도 그리던
그리운 짜장면을 먹고 왔답니다.

이젠 별루…
그런가 봐요.
하기 전과 하고 난 후.
변하지 않는 것은
무엇일까 생각해 봅니다.

주(?)와 함께 5월 3일

청원소에 초대받은 날! 저녁 식사 후에 청원소 휴게실로 갔습니다. 눈앞을 가득 매운 글자 'HITE'. 흐흐흐…. 흠뻑 마셨습니다. 그래서

지금 @.@ 수도회에서도 가끔 이렇게 주(?)님 품에 푹 빠져 잠들 때가 있지요. 내일 아침을 생각하면 좀 아득하지만 뭐, 할 수 없죠. 빈 캔을 정리했을 때 완전 많지는 않았는데 이렇게까지 취기가 오를 줄이야, 딸꾹! 입회하고 주량이 확 줄었나 봅니다. 아, 그래도 정신을 차리고 …. 주님, 감사합니다. 정신이 좀 없긴 하지만 형제들과의 우정을 확인하는 시간이었습니다. 이런 우정의, 사랑의 기분이 영원하길 기도합니다.

길을 걷다 5월 5일

한강을 걸었다.
참 시원한 바람이었다.
흙냄새 풀 냄새가 어린 시절로 초대를 한다.

오빠~ 오빠~.
뒤돌아보니 벼 외에는 보이는 것이 없다.
잠시 후 내 턱 밑에 동생이 서 있었다.
벼가 동생보다 컸던 것이다.
그렇게 걸었다.
엄마, 아빠가 있는 과수원을 향하여

누군가 내 손을 툭 치고 지나간다.
인라인을 막 배우기 시작한 꼬마 아가씨가.
내 발도 다시 걸어가기 시작한다.

아빠래요 5월 6일

제가 어제 수원에 계신 수사님들과 함께 행사에 참석했거든요. 한 아이(한솔이는 11살이랍니다)와 이런저런 이야기를 하고 있었습니다. 그때 옆에 있던 한솔이의 친구가 한마디 하더군요. "너네 아빠야?" 한솔이가 예뻐서 그나마 다행이었지. 진짜로 충격이었습니다. 한솔이 아빠가 불혹의 나이시니까… 제가 열두 살은 더 먹어 보인다는 뜻이었습니다. 한솔이 친구에게 "나 아직 이십대야."라고 했더니, 그 녀석의 대답이 걸작이었습니다. "요새 돈 주면 주름도 펴 준대요. 왜 그렇게 사세요?"

저 충격 받았습니다. 여름 캠프 때 만날 아이들에게 많은 걸 주려고 열심히 뛰어다닌 것밖에 없는데, 벌써 성형 수술로 주름을 펴지 않으면 나이도 못 알아볼 정도가 되었다니…. 그래도 열심히 하렵니다. 하느님은 저를 아직 십대로 보고 계실 테니까요.

볼품없는 카네이션 5월 8일

봄바람에 아카시아 잎이 한들거린다.
곧 망울을 터뜨릴 것 같은 하얀 꽃망울이 창밖으로 비친다.

바람이 불면 부는 대로
비가 오면 비를 맞고
아침이면 이슬방울에
밤이 되면 밤안개에
새들도 그 가지에 앉아

흔들흔들,
흔들흔들.

하지만 뿌리는 움직이지 않는다.
세속에서 아무리 흔들고 떠들어도
깊이깊이 암흑 속에
고요하게 침묵 속에
여린 가지 꽃망울을 위해서 일평생 희생 봉사한다.
마지막 기운이 다할 때까지….

오늘은 어버이날이다. 어렸을 때 어머니께 달아 드린 종이로 만든 볼품없는 카네이션이 생각난다. 어머니는 볼품없다 하여 내버리지 않으시고 가슴에 달고, 안고 다니셨다.

하느님! 완성하시는 분 5월 9일

수도 생활로 부름을 받고 살아가는 것은 나를 완성시켜 나간다는 점에서는 의미 있는 일이지만 나를 형제들에게 드러내야 하는 고통이 따른다. 나는 원래 내 감정 표현을 잘 못한다. 그렇게 된 데에는 여러 가지 이유들이 있지만 특히 가정 환경 탓이 지배적이었다고 할 수 있다.
　단칸방에서 6남매가 살았을 때는 서로에게 무척이나 짐이 되었던 모양인지 알아서 자기표현을 안 하는 것이 미덕으로 여겨졌었다. 어머니가 아들에게 배고프냐고 물어보면 아들은 그저 괜찮다고만 말했다. 배고프냐고 물어보는데… 배가 고프면 고프다고 말하고 안 고프면 안 고프다고 말해야 하는데 대답을 회피한 것이다. 상대가 원하는 질문에 알맞은 답을 하는 데 익숙하지 않았다.

  그렇게 자랐기에 수도 공동체에서 살아가는 동안 형제들과 적지 않게 갈등을 겪어야만 했다. 그때그때 내 느낌, 내 감정을 분명히 표현을 해야 하는데 엉뚱한 대답을 하는 것이었다. 그리고 한참 지나고 나서야 후회하며 아쉬워하기 일쑤였다. 식사 시간에 공동체에서 어떤 형제가 과일을 먹겠냐고 내게 물어보면 나는 먹겠다는 말을 못하고 연신 괜찮다고만 말했다. 시시콜콜하다고 생각했기 때문이다. 그러면 그 형제는 아무런 거리낌 없이 그 권하던 과일을 홀랑 먹어 버린다. 그리고 나는 그 형제가 남을 배려하지 않는다고 생각했다. 그런데 결국은 내가 내 자신에게 정당하지 못한 결정을 내린 것이었다.

  매일 일어나는 크고 작은 일들 중에 사소한 일이리고 여겼던 일들이 이제는 중요하게 다가온다. 지금까지는 소소한 일들을 통해서 큰 일을 이루시는 분의 뜻을 받아들이지 못했던 것이다. 이제 나를 완성시켜 주실 분께서 작은 일들을 통해서 나를 지켜봐 주시기에 당신을 향해 나아갈 수 있는 희망을 느낀다.

후박나무 꽃잎 하나 5월 11일

아침 기도를 위해 성당에 들어설 때 은은한 향기가 가득했다. 새로운 느낌! 또 다른 분위기가 나를 인도하는 것 같았다. 기도 준비를 위해 장궤틀 서랍을 여니 후박나무 꽃잎 하나가 기도서 위에 가지런히 놓여 있었다. 꽃과 같은 마음이 담긴 향기가 주변을 맑게 열었다. 그분의 마음을 생각하며 감사의 기도를 드렸다. 사랑이 정말 향기로운 하루였다.

하늘의 힘은 바람에서 나올까 5월 12일

어제 저녁 하늘에 구름이 일더니 심한 바람이 불어왔다. 그때 수사님들과 운동장에서 공을 차고 있었는데 강한 바람이 흙먼지를 일으켰다. 땀이 흐르고 숨쉬기가 쉽지 않았다. 그때 공이 하늘로 치솟았고 모두의 시선이 하늘을 향한 공으로 집중되었다. 공이 떨어질 때쯤 굵은 빗방울이 함께 떨어졌다. 더운 몸이 상쾌해졌다. 하지만 잠시 후 천둥이 치며 장대비가 쏟아졌다. 곧 운동장 바닥은 물이 넘치고 공은 튀지 않고 물에 미끄러져 움직였다. 모두들 물에 빠진 사람처럼 되었다. 10분쯤 비를 맞고 공을 찼으나 점점 더 비가 많이 와서 앞이 보이지 않을 지경이 되었을 때 경기를 중단하고 모두들 들어갔다.

　어둠이 몰려오고 바람이 불면 비가 내린다. 그 비는 주변 환경을 바꿔 놓기도 한다. 좀 더 상쾌하고 깨끗하게 혹은 볼품없고 지저분하게. 여하튼 움직임은 하늘에서 시작되고 사람들은 그에 따라 움직인다. 영성 생활도 성령의 움직임으로 시작되고 그 성령에 따라 내가 움직일 때 비로소 결실을 맺을 수 있으리라 생각된다.

밥해 먹는다는 게 5월 13일

본원에는 없고 분원에만 있는 소임, 일주일 동안의 식사 당번이 끝났습니다. 식사 당번인 사람은 시간적인 면에서 많은 희생이 필요합니다. 공부하는 시간도, 쉬는 시간도, 기도 시간도 조금씩 쪼개서 식사 시간에 보태야 하는 것이죠. 남자들이 해 먹는 게 거기서 거기겠지만 그래도 요리책을 뒤져 가면서 열심히 준비합니다. 그리고 모두가 맛있게 먹는 모습에서 희생에 대한 보답을 받습니다.

   어느 수사님께서 주방 일을 하면서 얻는 게 많다는 말씀을 한 적이 있습니다. 모두 맛있게 먹고 즐거워하는 모습에서 얻는 기쁨이 참 좋습니다. 하여간 밥해 먹는다는 게 보통 일이 아니라는 것은 분명히 배웠습니다.

포옹 5월 14일

횡단보도 앞, 한 남녀가 꼭 껴안고 있었다.
지금까지 많은 이들과 포옹을 했다.
아버지, 어머니, 형과 동생, 친구, 손님, 그리고 귀여운 아기
같은 포옹 그러나 느낌은 다양했다.
우리는 어떤 포옹을 하면서 살아가고 있나?

지옥이 더 좋아 5월 16일

어제 동성고에 다녀왔다. 이런저런 사정으로 한동안 폐지되었던 수도자 체육대회가 올해 부활했는데 우리 수도회가 주관하게 돼서 일손을 거들어야 했기 때문이다. 그런데 어쩌다 봉사자가 아닌 선수가 되는 바람에 잘 못하는 족구와 축구도 했다.

살레시오회 수사님들이 진행한 레크리에이션 시간이 재미있었는데 전통의 ○× 문제를 내면서 탈락한 사람들은 모두 '지옥'이라는 장소로 보냈다. 나도 세 번째 문제에서 결국 지옥행이었는데 거기서는 운동장 반대편까지 뛰어갔다 오는 선착순, 건빵 물 없이 먹기, 이온 음료 세 잔씩 마시기 등의 벌칙이 기다리고 있었다.

얼마 지나지 않아 한 사람한테 몰아주기를 하며 이온 음료 한 병을 한 명에게 다 먹이면서 "한 잔 더! 한 잔 더!" 하며 큰 소리로 웃고 장

난하며 야단이었다. 어디서나 재미를 찾아내는 수사님들로 인해 지옥은 지옥이 아니었다. 저쪽에서 "지옥에 있는 분들, 패자 부활전이 있으니 빨리 오세요!" 하고 불러도 "지옥이 더 좋아요!" 하고 외칠 지경이었다. "지옥이 더 좋아!"라니… 음, 뭔가 이상하다.

하루살이에게 배우자 5월 17일

하루가 한평생. 하루살이는 불을 찾아 밝은 곳으로 모여든다. 밤, 낮 하루를 살지만 빛을 찾아 모여든다. 반딧불 같은 삶은 아니나 살아서도 죽어서도 가볍디가볍다. 하루밖에 살 수 없기에, 쉬고 있을 시간일지라도 가로등이 켜지면 지체 없이 자리를 박차고 날아오른다.

　죽을 아침 녘까지 빛을 바라보고 또 바라보고, 내가 하루를 하루살이처럼 살 수 있다면 지금과 같은 게으름은 피우지 않을 것이다. 아무 생각 없는 시계추, 솥뚜껑 같은 생활은 없을 것이다.

용서받은 거미 5월 19일

저녁에 성당 청소를 하다가 장궤틀 밑에서 거미 한 마리가 6개의 다리를 움직이며 걸어 나오는 것을 보았다. 점점 가까이 오더니 멈추었다. 바쁘게 움직이던 진공청소기를 멈추고 거미를 주시했다. 까만 몸

통에 털이 북실북실한 무섭게 생긴 흑거미였다. 잠시 후 그 큰 흑거미는 뒤돌아서 태연한 척하며 주철 스팀 밑으로 들어갔다. 예전 같았으면 성당 밖 화단에 놓아주었을 텐데 오늘은 왠지 거미가 해롭지 않게 생각되어 묵인해 주었다. 혹시 나보다 훨씬 더 오래전부터 성당에서 살아왔다면 갱신 서약만 안 했을 뿐 지금은 유기 서원쯤은 되었을 거라고 생각했기 때문이다.

비록 사람의 사도직은 아니지만 나름대로 컴컴한 성당에서 거미줄도 걸어 놓고 여름에는 수사님들을 협공하는 모기를 사냥하기도 하고 기도를 방해하는 빙글빙글 왱왱 소리 내는 파리를 잡아 겨울을 보냈을 것이다. 여하튼 매일 아침저녁 공동체 기도에 참석했고 성당에서 일어나는 모든 전례에 참여했기에 그도 우리와 함께 축복을 받아 왔을 것이라는 생각이 든다. 살아 있는 모든 것들에게 깃든 생명의 가치를 배워 나가야겠다.

또 축구 5월 21일

오늘은 영국하고 축구 경기가 있는 날이다. 내일 리포트가 있어서 고민된다. 어찌해야 하나⋯ 음, 리포트도 중요하지만 나라를 사랑하는 마음에 아마 축구를 보게 되지 않을까. 역시 애국심은 무서운 것이다(?).

수도원에서도 열혈 청년들이 있어서 한데 모이면 운동장에 불을 켜놓고(낮엔 시간이 없기 때문에) 축구를 한다. 이탈리아에서 선진 축구를 배워 온 수사님도 있고 선천적으로 무서운 돌파력에 화려한 개인기, 그리고 놀라운 골 결정력을 지닌 수사님들이 많아서 축구는 늘 재미있다. 그런 수사님들 덕에 나 같은 둔한 사람도 가끔씩 골을 넣게 된다. 이상한 것은 발로 찰 땐 안 들어가다가 몸에 맞아서 골이 되는 경우가 많다는 것. 지난 토요일엔 무릎에 맞은 공이 물통을 맞추는 일이 벌어졌었다. 하기야 어떤 수사님은 엉덩이로 골을 넣은 경우도 있었으니 내 경우는 별 거 아닌 셈이다.

성화되어 간다는 것 5월 23일

아침에 눈 뜨면 님의 향기 가득하다.
나의 향기만 맡으며 방을 나선다.
정오, 방 안 햇살 가득하다.
벽을 바라본 채 햇살을 등진다.
잠들기 전 님의 모습 가득하다.
눈에 띌까 두려워 살며시 눈을 감는다.

아침에 치약 향기 풍기며 이를 닦는다.
눈감을 때 숨겨 둔 두려움의 향기를 닦는다.
정오에 땀방울 맺힌 얼굴을 씻는다.
외면했던 이마에 축복의 햇살이 비춘다.

저녁에 뜨거운 물에 발을 담근다.
나의 향기 실어 보내고 님의 향기 가득하게….

새로운 패션 5월 24일

오랜만에 성바오로딸수도회에서 하는 아침 미사. 1분의 거리가 무지하게 멀게 느껴진다. 아침의 1분은 낮 시간의 10분 이상임이 분명하다. 한 걸음 한 걸음을 재촉하면서 내가 편히 앉던 자리에 앉았다. 수녀님들에게서 예전과 달리 좀 더 숙연한 느낌을 받았다. 미사 도중에 반팔을 입은 수녀님 두 분이 제대 앞에 섰다. 홍콩에 선교사로 가는 수녀님들이었다.

　마음을 숙연하게 하는 반팔. 단절, 그리고 또 한 번의 단절. 이 단절은 친숙함과의 단절을 넘어 자신의 디딤돌과의 완전한 단절이리라. 이제 남은 단 하나의 의지처는 하느님. 주님 안에서 언제나 굳건하시기를.

아름다운 사람 5월 27일

살면서 가끔 참 아름다운 사람을 만나게 됩니다. 어제는 가출 소녀들을 위한 쉼터에서 일하시던 수녀님을 만나서 이런저런 이야기를 들었는데, 유난히 눈이 반짝거리는 수녀님이 아이들과 함께 지내시며 늘 마음에 두고 있던 것은 언제 어느 때라도 아이들에게 더운밥을 먹이는 거였다는 얘기를 들으면서 참 아름다운 분이구나 하는 생각이 들었습니다. 더운밥을 먹인다는 것, 그건 어머니들의 일인데 말이지요.

아름다움은 내가 누군가를 사랑할 때 내 안에서 태어나는 거라는 생각을 그 수녀님을 바라보면서 했습니다. 나는 아름다운 사람일까, 하는 생각도 덤으로 하면서요.

뭉게구름과 연기 5월 29일

오늘은 우리 집(수도회) 고유 축일 중 '사도의 모후 대축일'이다. 바오로 가족이 함께하는 미사 시작 전에 성바오로딸수도회 수녀님들의 뭐라 이름하기 어려운 무용, 아니 춤이 있었다. 이 방면으로는 문외한이라 이 공연에 대해 말할 바가 없지만 분명한 것은 함께할수록 풍요로워진다는 사실이다.

영적인 풍요로움이 배꼽시계는 멈추지 못하는지 미사가 끝나기 무섭게 모두들 식당으로 모였다. 조각구름이 모여 다른 구름을 만들 듯이 우리들도 몽실몽실 모였다. 이 몽실몽실함 속에서 도란도란 이야기의 연기가 피어올랐다.

어느 순간 떠오르는 단어, 리포트와 수업! 뭉게구름 속에서 피어나는 연기를 뒤로 하고 허겁지겁 다시 일상 속으로 뛰어간다. 언젠가는 수묵화의 여백 속에서 더 많은 것을 나눌 수 있으리라. 아쉬움이 남는 하루다.

성전 오른편에서 5월 30일

어제 수도 시설에 문제가 생겨서 물이 안 나왔다. 상수도가 없는 시골이라 양수기를 설치해서 물을 해결하고 있는데 거기 문제가 생긴 것이다. 잠을 깨자마자 얼른 일어나서 세수를 한 사람은 그나마 괜찮았지만 나머지 사람들은 좀 부스스했다. 미사 시간에 신부님이 "세수를 못해서 그런지 다들 부스스하구먼." 하셔서 다들 웃었다. 나? 나는 제일 먼저 수돗가로 달려가 세수를 한 사람이지만 워낙 검어서 세수를 한 건지 안 한 건지 구별이 안 된다. 그 말을 하고 아침 식탁에서 또 다들 웃었다.

미사의 입당 성가 "성전 오른편에서 흘러나오는 물을 보았노라~" 하면서 아쉬운 물 생각을 또 했다. 사마리아의 우물가에서 금방 목마를 물 대신에 영원한 물을 주시겠노라 하셨던 예수님 말씀도 같이 생각했고….

내일 아침엔 세수를 할 수 있어야 할 텐데…. 걱정스럽다.

지배적인 결점을 이기기 위하여

스승 예수님,
당신은 "너희가 내 이름으로 아버지께 구하는 것이면
아버지께서 무엇이든지 주실 것"이라고 말씀하셨으니,
저의 지배적인 결점을 이길 수 있게 해 주시기를
당신의 이름으로 청합니다.
(잠깐 묵상)
예수님, 저의 기도를 들어 주소서.

(「바오로 가족 기도서」 29쪽)

6 월

햇살 6월 2일

하늘이 햇살 가리개 구름을 어디론가 보내 버렸다. 이 좋은 하늘 아래에서 시험공부를 하고 있었다. 귓가를 스쳐 가는 고운 소리 있으니, 그 주인공은 동사무소 아가씨, 오존 주의보가 발동될 위험이 있으니 외출을 삼가라는 것이었다. 하늘이 내 마음을 몰라주는 줄 알았더니 그게 아니었나 보다.

　이틀 전인가 햇살 때문에 덥다고 하니 햇살이 따갑다고 어떤 형제가 말을 이었던 기억이 난다. 이 말이 정확한 표현인 것 같다. 우리는 지구와 함께 살아가는데 좀 더 이기적으로 말한다면 이곳에서 살아가는 나를 위해서 '지구가 건강해야 하는데…'라는 생각이 든다. 햇살이 뜨겁게 느껴시는 방학을 기다린다.

하느님의 시간 6월 3일

도서 선교 때문에 수원 분원에 왔다. 어둑어둑할 때 도착한 수도원. 그 뒤로 산 그림자가 푸근하고 문을 열고 인사하러 나오는 수사님들 얼굴이 반갑다. 오전에 미아리 수도원 마리오 수사님 포도밭에 오이

모종을 두 개 심었다. 아침에 심었는데 자꾸 가서 들여다보고 싶다. 마음을 바꿔 먹는다.

　오이의 시간을 존중해 주고 하느님의 시간을 존중해 주자. 오이의 시간을 존중한다는 것은 그가 자라도록 기다려 준다는 것, 하느님의 시간을 존중한다는 것은 하느님이 일하시도록 나는 한 발자국 물러난다는 것. 그리고 나에게 돌아와 하느님이 하시는 일에 협력한다는 것. 미아리 수도원에서는 하느님과 오이와 나, 이렇게 셋이서 같은 시간을 나누며 살고 있다.

제발　6월 4일

밤에 잠깐 동안 비가 왔지요. 아니 뿌렸지요, 아주 찔끔. 감질나더군요. 우리 작물들이 비를 애타게 기다리고 있는데, 쯧. 나무는 뿌리가 깊기 때문에 일부러 물을 줄 필요는 없는데, 채소 등은 뿌리가 얕아서 물을 자주 주어야 하죠. 주님! 제발 비 좀 곽곽 뿌려 주십시오.

컴퓨터 청소　6월 5일

컴퓨터 청소를 했다. 사용한 지 3년쯤 된 컴퓨터를 유심히 바라보던 중 환기구 부분에 먼지가 쌓여 팔랑거리고 있음을 얼마 전 확인했다.

수도원에 들어올 때는 타자도 제대로 못 치는 컴맹이었다. 지금도 물론 컴맹 수준임을 인정하고 있기는 마찬가지다. 청소를 하기로 한 것은 큰 결심이다. 아무리 컴퓨터를 잘 몰라도 컴퓨터에 먼지가 쌓여 있는 것을 그냥 보아 넘길 수 없는 깔끔하게 구는 성격 때문이다.

진공청소기로 먼지가 많이 앉은 부분부터 쓱쓱 문질러 말끔히 청소를 했다. 컴퓨터를 한 번도 분해해 보지 못했지만 구석구석에 있는 먼지를 청소하다 보니 이것저것 뽑아 가면서 깨끗이 청소를 했다. 반짝반짝 빛이 났다. 그런데 컴퓨터가 고장이 났다. 선무당이 사람 잡는다는 말이 괜히 있었던 것이 아니었나 보다. 고장 낸 컴퓨터를 원장님과 함께 점검해 보았다. 그것도 영 신통하지 않아 결국 전문가에게 맡겨서 수리했다. 하루가 정말 길게 느껴졌다. 이젠 다시는 컴퓨터 내부는 청소하지 말아야겠다.

저희에게 자비를 6월 6일

숨 가쁜 5월을 떠나보내고 휴식이 오래간만에 우리를 찾아왔다. 편히 쉴 수 있는 오후 시간이었다. 하지만 6월의 시작과 함께 다가오기 시작한 여름이라는 화로가 우리들을 급습하였다. 이리저리 편한 자세를 취해 보려고 애를 쓰지만 30도가 넘는 여름이라는 화로는 우리들을 가만두지 않는다. 말로만 듣던 수련소의 폭염을 몸소 느낄 수 있는 오후였다. 수련은 하느님이 시키신다더니! 주님 저희에게 자비를!

임 그렸다 6월 7일

유난히도 더웠던 오늘
임이 오시려나 보다 하며
하루 종일 임을 기다리며
하늘을 쳐다보기를 몇 번…
결국 임 그림자 구경하지 못하고
어둠이 내렸다.

몸만 어기적댄다.
얼마나 더 기다려야
나의 이 갈증을 시원하게 적셔 주실까.

추락하는 것은 날개가 6월 9일

겁 없이 행하는 이들이 있다. 그 행동이 추락이라는 결과를 가져왔을 때 곧 후회를 한다. 흥부전에서 둥지에서 떨어진 어린 제비도 같은 맥락에서 볼 수 있겠다. 몸에 기운이 감돌고 제법 굵은 깃털마저 난 날개를 보고 둥지를 박차고 날아올랐을 것이다. 하지만 곧 처마 밑 쪽담으로 떨어져 다리가 부러졌음을 깨달았을 때 후회와 걱정에 마음을 졸였을 것이다.

오늘은 참새가 제비 흉내를 내다가 수도원 3층 베란다로 떨어졌다. 둥지는 지붕 위 기왓장 틈 속에 있었는데 부리가 아직 여물지도 않은 어린 참새가 다시 보금자리로 돌아가려고 애를 쓰고 있었다. 어미는 지붕 위 처마 끝에서 어린 참새를 불렀다. 이에 더욱 날갯짓을 하더니 다행히 지붕 위로 올라갔고 다시는 떨어지지 않았다.

어렸을 때 슈퍼맨 흉내를 내던 기억이 있다. '보자기를 목에 둘러매고 옥상에서 떨어지면 어떤 기분일까?' 하고 상상하기도 했다. 물론 날아오를 수 없다는 것은 알고 있었다. 두렵기는 했지만 적당한 높이에서 뛰어내렸다. 목에 두른 보자기가 바람을 일으켜 약간은 사뿐히 떨어지리라고 생각했다. 결과는 발목 삐끗! 엉덩방아! 크게 다치지는 않았지만 추락하는 것이 어떤 것인지는 배웠던 것 같다.

왕림 할머니 6월 12일

왕림 빌라 안나 할머니의 전화를 받고 김치를 가지러 갔다. 먹을 만큼 김치가 있는데도 불구하고 오랜만에 전화가 온 터라 안부 삼아 찾아뵈었다.

그동안 출가를 준비하셨는지 할머니는 빡빡 머리를 한 스님이 되어 반겨 주셨다. 그동안 할머니는 뇌종양 수술을 몇 차례에 걸쳐 받으셨다고 한다. 다행이다 싶은 마음에 곁에서 이런저런 이야기를 들었다. 이번 수술 말고도 이런저런 대수술을 다섯 차례나 받으신 적이 있다고 하신다. 그리고 이번 수술은 아무렇지도 않다며 대수롭지 않게 말씀하셨다. 치료를 받느라 고통스러우셨을 텐데 한사코 웃으시며 밝게 이야기하시는 모습에 나도 할머니의 손거울이 되어 웃었다.

아름다운 모습 6월 16일

　요즈음은 보급소에서 사도직을 하고 있습니다. 무거운 책도 날라야 하고 주문 들어온 책을 뽑아서 보내기도 해야 하고… 그래서 일이 조금 고되답니다.
　오늘 같이 일하는 아저씨께서 피곤해 보이셨어요. 그래서 좀 쉬시라고 했는데 그래도 계속 일을 하시더라고요. 그분을 보면서 늘 느껴지는 게 있었어요. 아무리 피곤하고 몸이 아파도 계획한 일은 꼭 끝내는 분이시기에 제가 늘 배우면서 살고 있어요. 저는 조금 피곤하면 어디 구석에서 쉬었다가 올 때도 있고 힘든 건 아예 손도 대지 않을 때도 있지요. 이곳에서 좀 살았다고 이제 요령이 생긴 건지…. 아무튼 그럴 때마다 저에게 보이지 않는 채찍질을 해 주는 분이시지요. 오늘도 그런 모습을 봅니다. 말없이 일하시는 모습이 아름답습니다. 제게도 그런 아름다운 모습이 있을는지….

땅콩 밭의 잡초 생각 6월 17일

참 덥죠? 장마가 시작된다는데 그러면 좀 시원해질까요? 그래도 이렇게 땅콩 잎 아래 있으니 좀 시원한 것 같네요. 저는 사람들이 잡초라고 부르는 작은 풀잎입니다. 매년 빗물과 햇살을 맛있게 받아먹으며 잘 살아가고 있지요. 이곳 뒷동산은 양분이 많은 흙이라 참 좋아요. 그런데 한 가지 큰 문제가 있어요. 제가 더위를 피해 쉬고 있는 땅콩. 이 땅콩을 심은 사람들이 종종 올라와서 우리들을 뽑아 버린답니다. 오늘 낮에도 저의 친한 친구 풀잎들이 뽑혀서 말라죽어 버렸어요. 이러다간 저도 언젠가는 뽑혀 버리겠죠?

   사람들은 왜 잡초라 부르며 다 뽑아 버리려고 할까요? 우리들도 비록 이름 없고, 필요하지는 않지만 하나의 고귀한 생명체인데…. 하느님께서 이렇게 뽑혀 죽으라고 저희들을 만들어 내셨을까요? 우리들도 잘 보면 참 귀여운 풀인데….

   단지 사람들의 생활에 도움이 되지 않는다고 해서 없애 버리는 건 너무 잔인하다고 생각해요. 사실 지금 사람들이 먹는 풀들도 원래는 이름 없는 잡초였겠죠? 어찌 보면 운이 좋아서 사람들의 손에 키워진다고 볼 수도 있지요. 저도 좋은 약초라고 소문나면 또 달라지겠죠. 많이 심어질 것이고 많은 사람들이 사용하겠죠. 하지만 저를 키우기 위해 제 주위의 불필요하다고 생각되는 풀들이 또 뽑히겠지요. 그런 모습을 보고 싶지가 않습니다. 차라리 제가 뽑혀서 말라 버리는 게 낫지…. 뭐, 좀 인정받지 못하고 버림받고, 죽기까지 한들 어떻습니까?

저의 삶에 만족하고 그것이 하느님의 영광을 드러내는 것이라면 기꺼이 따르고 싶습니다. 잠시 후 또 잡초를 뽑으러 사람들이 올라오겠지요? 겁이 나지는 않지만 이런 우리들의 마음을 조금은 알아주었으면 합니다. 이상 잡초 생각이었습니다.

배추벌레 6월 19일

 한 농부가 겨우내 얼었던 땅이 풀리자 밭을 일구고 밑거름도 잘해서 기름진 곳에 배추 씨앗을 뿌렸다. 한곳은 양지 바른 곳이고 다른 한곳은 포도나무 아래였다. 바람이 불고 봄비가 내리자 곧 싹이 돋았다. 벌레가 생겨 잎사귀에 붙었는데, 한 마리는 햇빛이 좋은 곳으로 갔고 다른 한 마리는 시원한 그늘을 찾아서 포도나무 아래로 갔다.
 한 마리의 벌레는 뜨거운 태양 아래 배추 잎을 갉아먹고, 다른 한 마리의 벌레는 시원한 포도나무 아래에서 배추 잎을 갉아먹었다. 각각 열심히 갉아먹었다. 양지 바른 곳의 배추는 벌레가 갉아먹어도 무럭무럭 자라 벌레가 허물을 벗고 나비가 되어 날아간 뒤에도 풍성했다. 그런데 포도나무 아래의 배추벌레는 굶어 죽었다.
 나비가 된 배추벌레는 알을 많이 낳아 내년에도 내후년에도 계속 영원히 살 것이다. 빛을 따라 살면 죽어도 열매를 맺어 영원히 살리라.

눈먼 의지 6월 21일

형제들이 잠깐 동안의 여행을 떠나면서 이런저런 부탁을 한다. 그중에 화초에 물을 주는 일이 있다. 무턱대고 충실하게 매일 열심히 주었다. '무럭무럭 자라 다오.' 하면서. 그 모습을 보시던 한 수사님이 "야, 뿌리 썩는다."라고 했다. 물이 너무 많으면 그렇게 된단다. 눈먼 의지에 길잡이 되어 준 수사님이 고마운 하루다.

어떤 날이면 6월 22일

어떤 날이면 호벅지게 울고 싶다.
내 안의 나를 만날 수 있을 테니까!
그래서 눈물이 만든 차를 나눠 마시며
서로 위안이 되고, 화해하고 용서하고
그렇게 나의 진실 안에서 주님을 만나고 싶다.

많은 이들은 숨어서 운다.
세상 변화에 힘겨워 우는 '우리 아빠'
남몰래 애태우며 우는 '우리 엄마'
세파와 경쟁에 찌들어 우는 '나'
책과 씨름하고 친구들과 소리 없는 전쟁이 힘겨워 우는 '동생'…

울지 않는 사람이 없는 세상인데
많은 이들은 그렇게들 숨어서 운다.

폴리뇨의 안젤라는 "사람은 그가 보는 대로 사랑한다."라고 말했다.
우리 마음에 따라 슬픔으로도, 사랑으로도 세상을 만나게 되고 주님
을 맞이하게 될 것이다.

이제 숨어서 울지는 말자.
누가 서른이 넘어서 운다고 바보라고 할 것인가?
누가 마흔이 넘어서 운다고 바보라고 할 것인가?
…
우리 함께 모여서 울어 보자.
조금씩 눈물에 씻겨 서로의 앙금이 사라지고
이해를 넘어 믿음과 신뢰가 보이는 가족을 만날 것이다.

눈물에는 분노를 녹이는 평화가 있고
눈물에는 기쁨을 돋우는 행복이 있고
눈물에는 신뢰를 더하는 믿음이 있고
눈물에는 절망을 이기는 용기가 있고
눈물에는 죽음을 초월하는 생명이 있다.

기도는 아무도 없는 골방에 들어가 하고

우리가 함께 모여 운다면
눈물은 슬픔이 아닌 사랑이 되지 않을까?

흐벅지게 울고 싶은 어떤 날의 궤변이다.
"네 눈이 빛을 본다면 온몸이 밝은 것이다."

내 번호는… 6월 23일

에니어그램에 나타난 내 번호는 8번이래요. 인정하기가 정말 어렵더라고요. 내 번호라고 생각했던 것은 진짜 내가 아니라 되고 싶은 나였어요. 머릿속이 뒤죽박죽이에요. 며칠 기도하며 자연스럽게 정리해 봐야겠습니다. 좋은 점은 인정하기 쉬운데 집착이나 죄의식 등 나쁜 것은 받아들이기가 힘들더라고요. 성령께 나를 찾을 수 있게 은총을 청했으니 이젠 받아들일 수 있기를 청해야겠습니다.

마리아의 노래 6월 25일

'장미 꽃잎 사랑 마음에 새겨~'로 시작하는 노래가 있다. 수도원에 들어와서 줄곧 이 노래를 매일 부르고자 했다. 입회하여 첫 실수를 했는데 그 보속으로 성모님께 노래를 바쳐 드리고 싶어서였다. 그리고 부족한 효성이 사랑의 메아리가 되어 어머니께 전해지기를 바라서였다.

    그때가 10년 전…. 어머니가 보고 싶었다. 그리움을 안고 지원소에 모셔 놓은 성모상을 힘없이 보고 있었다. 그러다 문득 성모상을 들다가 떨어트려 성모상이 깨졌다. 성모님의 발이 깨졌다. 떨어지는 성모상 밑으로 내 발을 넣어 받쳤더라면 내 발은 깨질지언정 성모상은 괜찮았을 텐데…. 이런 말을 되뇌며 풀썩 주저앉았다.

    그때에 왜 성모상이 내 발등에 떨어지지 않았던가. 왜 내 발가락을 짓누르지 않았던가. 성모상이 부서져 몸은 편안했지만 마음이 아팠다. 그리고 다음 날 서약서를 썼다. 성모님께 매일 노래를 바치기로 약속했다. 하지만 지금 돌이켜 보면 아쉽기만 하다. 그 노래를 부른 날보다 빼먹는 날이 더 많아서. 이제는 종신토록 나를 봉헌하는 날에 그 노래를 부를까 보다.

사랑니 6월 26일

사랑니가 꿈틀거린 지 며칠 되었다. 덕분에 맛있는 밥을 꼭꼭 씹지 못하고 우물우물 삼켰다. 맨 끝에 나는 어금니가 성년이 훨씬 지난 나이에 고통을 주는 이유가 뭘까? 사랑은 마지막에 늦게 찾아온다는 것을 알려 주려는 것인지도 모른다.

    늘 같이 사노라고 하지만 사실은 사랑을 알지 못했다. 약간의 노력과 규칙적인 만남으로 알려고 했지만 고요한 마음속에 시기심만 들어왔다. 생을 마감하는 바퀴벌레처럼 뒤집어져서 날개와 다리를 번갈아 움직이며 요동을 칠 때쯤 알 수 있을까? 젊은이가 힘이 넘쳐 무엇이든 먹어 치우려고 이를 갈 때 사랑니는 치솟는다. 뽑아 버리라고 충고해 주는 이가 있으면 미소를 지어 보이겠다. 이런 조그만 고통도 없으면 그만큼 사랑이 멀어질 거라는 생각에….

압력솥 6월 27일

요즘은 밥을 아주 쉽게 한다. 빠르면 7~8분 늦어야 15분이다. 압력솥 덕을 보는 셈이다. 끓는점을 높이고 열로 압축시켜 쌀을 빨리 익게 만든다. 마지막으로 압력솥 안에서 숨을 죽이고 있던 쌀을 팽창하도록 김을 빼 버린다. 무력이다.

    신앙생활을 하다 보면 알게 모르게 외부로부터 압력을 받게 됨을 알게 된다. 이 압력은 정성된 봉헌물을 만들기 위해 필요한 것이 아닌가 싶다. 숨을 죽이면서 뜨거운 열기를 참고 견디어 내면 그 다음은 맛있는 밥이 되듯이.

잔치 전야 6월 28일

한곳에서는 전을 부치는 아낙네들이 있고, 다른 한곳에서는 술동이를 지고 나르는 청년들이 있다. 마당에 멍석을 깔고 상을 차리며 함께 기쁨을 나누던 잔칫집을 어린 시절 보았다.

    오늘 이 기억이 새롭게 떠오른다. 내일 있을 성바오로딸수도회의 종신 서원 복사 연습을 위해서 방문한 미아 3동 성당에서.

자아비판   6월 29일

고집쟁이의 트집 잡기를 즐기고,
마음은 음흉해서 사리 판단을 못하고,
생각은 파리채처럼 흔들려서 허공을 가르고,
행동은 미움으로 가득 차서 폭력적이고,
말이 많아서 항상 주위가 산만하고,
음식은 먹을 수 없을 정도로 배가 불러야 물러나며,
보다 강한 사람에 굽어지고 보다 약한 사람에 꼿꼿하며,
잠은 많이 자고 생각이 없으며,
마음이 차돌 같아 사랑이 없으며,
색안경을 쓰고 신경질을 부리는 먹물과 같은 존재.

한 방울의 먹물이 넓은 바다에 떨어지면
번지고 번져서 연해지고 연해져서
사라져 버리는 것을 알고 있다.

내가 아무리 악하고 악해도
이제는 선의 바다에 던져져서
엷게 엷게 변해 가는 모습을 바라볼 뿐이다.

수도원 일기 ■ 살며 생각하고 느끼며

수호천사에게 드리는 기도

저를 지켜 주시는 수호천사님,

인자하신 주님께서 저를 당신께 맡기셨으니,

저를 비추시고 지켜 주시며 인도하시고 다스리소서. 아멘.

(「바오로 가족 기도서」 24쪽)

7 월

휴가 7월 2일

이번 개인 휴가는 설악산으로 간다. 보통 2박 3일 일정으로 갔었고 이번에도 그러할 것이다. 재작년에 산에 오르다 고생을 너무너무 해서 작년에는 썩 내키지 않아 산에 오르지 않았다. 이번에 출발하게 된 코스는 재작년 겨울에 걸었던 코스에서 좀 더 어려운 구간이 있는 코스를 추가했다. 아무래도 겨울보다 여름에 가는 편이 짐이 가볍기 때문이다. 어찌하든 무사히 산을 오르내릴 수 있기를 바랄 뿐이다. 구릿빛으로 그을린 건강한 얼굴로 돌아왔을 때 몸과 마음 모두 좀 더 건강해져서 앞으로의 수도 생활을 보다 기쁘게 보낼 수 있기를 기대해 본다.

머리 무게 측정 7월 6일

며칠 전 목을 삐었는데 머리를 움직일 수 없었다. 머리가 얼마나 무거운지 알 수 있었다. 고개를 숙이면 편안해서, 머리를 거꾸로 하고 물구나무를 섰다. 결국 팔과 어깨까지 굳어져서 더 고통스러웠다. 수지침도 맞았다. 침 10개를 썼는데 그것들을 뺐을 때 손가락에서 먹물

같은 굵은 핏방울이 나왔다. 지금은 회복했고 식사 후에 공을 차기까지 했다. 몸이 아프면 낫기 위해 이렇게 정성을 다하는데 마음이 아플 때는 어떻게 하고 있는지 모르겠다.

날고 있었네 7월 7일

더위랑 터벅터벅 걷고 있는 내 옆으로
손자는 할아버지와 함께 뛰어갔다.

그들은 에스컬레이터 앞에서 헤어진다.
움직이는 계단에는 할아버지가 올라타고
사람이 많지 않아 잠시 쉬는 계단에는
손자가 올라탄다.

손자는 그 긴 거리를 쉬지 않고
뛰어오른다.
세상 그 어떤 별보다도 환하게 웃으며….

계단이 끝나자
손자는 할아버지의 손을 잡고
할아버지는 손자의 손을 잡고

다시 날아간다.

그리도 좋을까.

공동 구역 7월 9일

며칠 전부터 수련소 베란다에 참새 똥이 수북이 떨어졌다. 물걸레질을 여러 번 해야 겨우 지울 수 있었다. 참새가 날다가 무심코 떨어뜨린 것은 아닐 것이다. 화분을 베란다로 옮겨 놓은 다음 참새들이 몰려온 듯하다. 혹, 베란다에 화초가 우거지고 매일 물방울이 맺혀 있으니, 참새가 숲인 줄 알고 내려와서 물 한 모금 먹고 용변을? 이제 이곳은 그들의 차지가 되어서 내 것도 아니고, 그들 것도 아니다. 나는 잠깐만 사용하는데…. 그들은 종일 사용하고 있으니, 아니 그들의 휴식 구역이면서 내 청소 구역이다. 공동 구역이다.

물시중 7월 10일

수원 공동체에 초인종 역할을 하는 개 한 마리가 있다. 수도원에 대문도 담도 없어 누가 오고 가는지를 쉬이 알지 못한다. 그런데 개가 있으니 들고 나는 것이면 모두 개 짖는 소리로 알 수 있다. 그래서 초인종 역할로는 제격이다.

자신의 역할에 충실한 기특한 짐승이지만 사료 챙겨 주고 물 떠다 주는 일이 게으른 이에게는 여간 성가신 게 아니다. 특히 여름철에 물을 떠다 주는 일은 정말 일이다. 그래서 조그마한 물 저장 탱크를 설치했다. 물이 없어져도 줄어든 만큼 채워지게 하는 장치도 달아 놔서 안성맞춤이다. 뙤약볕에 물이 마르거나 먹어서 줄어들 때마다 물시중을 들어야만 했던 불편함에 개가 상전인 듯한 감도 없지 않았다. 이제는 물 한 번 채워 놓고 한동안 잊어버려도 된다. 하지만 게으름이 굳건해지는 듯해 마냥 즐겁지만은 않다. 그러나 안심이다.

시끌벅적 7월 13일

동산에 올라가다 보면 흙으로 쌓아 만든 계단에 개미들이 집을 지어 놓고 분주하게 움직이는 모습을 봅니다. 헤아릴 수 없이 많은 개미들이 왔다 갔다 하는 것을 보면 열심히 일한다는 생각보다 '정말 많다.'라는 생각을 합니다.

학기 중에 수도원은 정말 한산합니다. 학교에 가시는 수사님들이 많다 보니 그런 건데요. 방학을 하고 수원에서도 올라오고 이런저런 일로 본원으로 모두 모이게 되면 참 많아 보입니다. 마치 개미들이 와글와글 몰려 있는 것처럼…. 세어 보면 그렇게 많은 인원도 아닌데 왜 그리 시끌벅적한지 모르겠더라고요. 그런 시끌벅적 속에서 생명력과 활기를 느낍니다. 식사할 때도 운동을 할 때도 이리 치이고 저리 치이기는 하지만 재미있습니다.

　공동체 생활의 즐거움 중에 하나라고 생각합니다. 학기 중의 한산할 때도 이렇게 생명력이 넘치도록 많은 가족이 생겼으면 좋겠습니다. 가족 모두가 열심히 기도하고 있답니다. 그리고 이 글을 읽으시는 모든 분들께도 겸손되이 기도 부탁드립니다.

비　7월 14일

밤사이 비가 무척 많이 왔습니다. 그 비로 뒷동산의 모래며 토사들이 빗물과 함께 알베리오네 집 뒤편에 가득하였습니다. 도로를 만든다고 시작한 공사가 진행 중이어서 동산을 가득 메우던 나무들이 사라져 그런가 봅니다. 함께하던 나무들의 빈자리가 오늘, 유난히 크게 느껴집니다.

　모든 것의 가치를 알기 위해서는 이별이 필요한가 봅니다. '그래서 예수님도 제자들의 곁을 훌쩍 떠나셨나?' 공사 중인 논현동 서원에도 물세례가 있었습니다. 수사님들 모두는 논현동으로 아침 식사 후에 떠났습니다.

빨래를 하며… 7월 15일

요즘 같은 장마철에는 햇살이 그립다. 햇살 가득한 날이면 수도원과 수녀원 양지바른 곳에는 지친 때를 떨구고 빛살을 머금은 빨래의 물결이다. 우리 집 보일러실에는 세탁기가 두 대 있는데 하루가 멀다 하고 씩씩거리는 숨찬 소리를 낸다. 우리를 위해 쉼 없이 도는 세탁기, 어느새 세탁기도 나이가 많이 든 모양이다. 세탁기도 사람도 세월은 막을 수 없나 보다. 수도원에 입회하기 전에는 빨래가 이렇게 힘들고 귀찮은 줄 몰랐다. 남자들은 군대에 가면 많은 것을 배운다고 하는데 군대도 단기 사병(공익)으로 복무해 수도원에서 살기 전에는 세탁을 직접 할 기회가 없었다. 오늘 빨래를 돌리면서 세월의 무게에 지쳐 가는 세탁기를 보니 외아들을 위해 수고를 아끼지 않으신 어머님의 손길이 고맙다. 저 세탁기처럼 힘들어 하셨을 텐데….

  어머니, 고맙습니다. 세탁기야, 고맙다. 우리의 옷과 마음을 빨아 나를 있게 해 준 모두가 고마워지는 하루 저녁이다.

대단한 일 7월 18일

성소자들이 우리 집을 방문했다. 그들을 위해서 작은 일들을 했다. 누구나 다할 수 있기에 작은 일로 여겨지는 것인가? 아니면 지금까지는 뭔가 대단한 일을 하며 살았나?

하느님과 멀리 있는 이에게 대단한 일이란
자신을 높이는 일
하느님께 다가선 이에게 대단한 일이란
타인을 높이는 일

우리에게 대단한 일이 되어야 하는 것은
참으로 작은 일이 아닌가 한다.

그 이유는 7월 20일

내가 맡게 될 일들과 책임에 대해 두려워하는 것은
내가, 우리가 하느님의 작품임을 잊기 때문이야~

내가 나 자신은 물론이고
형제들을 사랑하기 두려워하는 것은
그 사랑이 다시 되돌아오지 않을까
두려워하기 때문이야~

하느님으로부터 사랑이 흘러나온다는 것을
잊기 때문이야~
감사할 줄 모르기 때문이야~

새벽을 흔드는 소리 7월 21일

아침 식사 시간이었다. "묵상 때 왜 그렇게 고개를 숙이고 있냐?" 하시며 한 수사님이 애처로운 눈빛(?)으로 바라보신다.

매미의 합창 소리가 창문을 타고 넘어왔다. 그 소리에 두 눈이 번쩍 떠졌다. 시계를 바라보니 4시를 조금 넘긴 시간이었다. 이제는 합창이 아니라 고함 소리다. 매미들이 침대에 멍하니 앉아 있는 나를 보고 미안했는지 고맙게도 침묵을 지켜 주었다.

다시 잠을 청했다. 이제는 새 소리가 나를 깨운다. 시계는 5시를 조금 넘기고 있었다. 어이구, 이제 나도 두 손 들었다. 매미들이 나를 위해서가 아니라 새들을 위해서 양보한 것이었다. 그리고 바로 성당으로 내려갔다. 매미와 새들의 공로로 묵상 때 코했다. 오늘은 어이 잠을 자야 하나. 매미와 새들을 위해서 기도해야 되겠다.

가난을 살면 부자가 된다 7월 23일

해 질 녘 묵주 기도를 마치고 수녀님과 과일을 사러 갔다. 밤 늦게까지 노점을 지키는 아주머니를 위해서 수녀님께서 준비한 떡 한 조각을 들고 산책하듯 갔다. 작은 선물의 위력인지 과일의 무게는 지불하는 돈의 가치를 훌쩍 넘어섰다. 따로 감춰 두었던 것들도 함께 주셨다. 이 보너스는 함께 있는 머슴을 보고 안겨 주신 것 같다. 수녀님 혼자서는 감당할 수 없는 무게이기에. 수녀님은 다른 어떤 이에게 필요한 것이 있다면 그것이 무엇이든지 주시려 하신다. 그 덕에 나의 위장이 빠방해지기도 한다.

가난은 역설적으로 큰 부를 가져다준다고 하였던가? 가진 것을 내어놓는 가난은 이렇게 부를 가져다주나 보다.

잠 설친 지 열흘째, 아이고… 7월 25일

너무 덥습니다. 우리 수련소 건물은 쪼금 옛날 것이라 여름엔 덥고 겨울엔 무척 시원하죠. 덕분에 열흘째 밤잠을 설치고 있답니다. 대책이 없어요. 하나만(?) 입고 자도 낮 동안 열 받은 건물에서 나오는 열기는 감당할 길이 없습니다. 이래서 수련인가 봅니다. 이렇게 단련해서 훌륭한 수도자로 성장하는 걸까요? 무더위를 이길 수 있는 방법 좀 알려 주세요.

하늘 숨이 전하는 말 7월 27일

오랫동안 공들인 일을 마무리했는데 영 힘이 나지 않습니다. 지나고 보니 내 마음대로, 내 뜻대로 이루어진 것이 하나도 없기 때문입니다.

사람과 사람이 사는 마을은 정말 자기만의 고집을 부릴 수가 없는

지… 아쉬움이란 게…. 자꾸 고개를 내밉니다. 하지만 상대를 바라보며 인정하고 받아 주는 것이 나를 사랑하고 형제를 사랑하는 것이기에 욕심을 접었습니다. 따지고 보면 지금까지의 삶에서 형제를 받아들이는 척만 했던 것 같습니다. 이런 나에게 하늘 숨은 속삭입니다.

"잘했어. 수고했어."

아이야 힘내렴 7월 28일

너와 내가
하느님의 사랑스런 자녀임을 알게 해 주는 표식이 있는 거 아니?

어젠 네가 아버지에게 많이 맞았다는 편지를 보았어.
얼마나 마음이 아팠는지 몰라… 너는 그렇게 힘든데도
땀 흘리며 열심이더구나.
왠지 미안하고 고맙다는 인사를 하고 싶었어.
그리고 사랑한다고 말하고 싶었어.
많이 아팠지? 고생했어.
이젠 조금만 아플 거야, 왜냐고…
그건 말이지…

내가 너의 그 아픔에 함께할 테니깐…

힘내렴.

어떤 조건도 없이 너를 사랑해…
찬란히 빛나는 너는
정말 귀한 보석이라는 것을 잊지 말아 줘…
사랑해.

이런 날도 있네요   7월 29일

이런 날도 있구나 싶네요. 아주 푸욱 쉬었습니다. 잠도 자고, 영화도 한 편 보고…. 수련을 더욱 잘 받기 위한 좋은 휴식이었다고 편하게 생각하렵니다. 아 함~.

치수   7월 31일

불쑥 배가 출출해서 라면 물을 올렸다. 이 정도면 됐겠지. 늘 사용하던 작은 냄비가 보이지 않아 이곳저곳 싱크대 여닫이를 펼치다가 그냥 큰 냄비에다가 물을 붓고 라면 수프를 털어 넣었다. 물이 끓자 꺼내 놓은 라면 2개를 넣었다. 생라면이 헤엄을 친다.
 아뿔싸! 전기밥솥에 남은 밥이 있는지 확인도 안 하고 바닥에 딱

달라붙은 배를 둥둥 띄우기 바빠 성급하게도 물을 부었구나! 과감하게 라면 하나를 더 투척했다. 보글보글한 라면들로 냄비 바닥이 보이지 않는다. 물이 원망스러워진다.

  단무지와 밑반찬을 조금 챙겼다. 이쯤 되면 누가 식당을 향해 계단 타고 내려오는 소리가 들릴 텐데. 오늘은 그마저도 없다. 텃밭에서 따 놓은 풋고추며 김치를 반찬 삼아 배부르게 먹었다. 그리고 남았다.

  이번 폭우에 물이 넘쳐 먼 곳에 있는 이웃들의 집이 매몰되고 떠내려갔다. 물을 잘 다스려야 식탁이 살고 가정이 화목하고 나라가 평화로울 것이다.

여행하기 전에
(또는 사도직 출장을 가기 전에)

진리이신 예수님, 마지막 목적지인 하늘나라를 바라보며,
언제나 오직 당신 사랑 안에서 여행할 수 있도록 저를 비춰 주소서.
길이신 예수님, 저의 인도자가 되시어 충분히 자제하고,
한눈팔지 않으며 끊임없이 절제하게 하소서.
생명이신 예수님, 저와 저의 동반자,
그리고 제가 만나는 모든 사람에게
어디서나 기쁨과 구원이 되어 주소서.
수호천사님, 앞장서 가시며 저를 보호해 주소서. 아멘.

(「바오로 가족 기도서」 276쪽)

8 월

초대의 손 8월 3일

뭐든지… 누구든지
내 마음대로 된다면… 기분이 어떨까?
처음엔 좋을 수도 있겠지… 근데
좋은 것도 오래가진 못할 거야.

내 마음대로
마음 편할 대로
한다는 것은 무엇일까?

마음에 안 드는 사람
눈에 밟히는 사람
뜻대로 안 되는 일들… 모두
하나의 초대이다.
그 초대의 손을 겸허히 잡을 수 있기를….

우리 사도직의 역사 8월 4일

서류를 정리하면서 전에 출간된 책들의 내역을 더욱 자세히 알게 되었다. 책의 종류가 대략 500종 이상이 되었는데 오래된 책들 중에 읽고 싶은 책들이 많이 있었다. 하지만 분실되었거나 절판된 책들이 있어 찾기가 어려울 것이란다. '그것이 모두 우리 수도원의 역사일 터인데….' 나중에 우리가 다른 사도직을 하게 되면 엄청난 자산이 되는데 왜 그렇게 자료를 잘 보관하지 못했나 하는 아쉬움이 남는다.

어찌 보면 우리의 행적은 여느 사람들의 행적과는 사뭇 다르다. 말씀을 소중히 담아 보급하고 간직한다는 것! 이 얼마나 중요한 행적인가 말이다. 개인의 생활을 일기나 메모를 통하여 꼼꼼히 점검하고 기록하는 것도 중요하지만 한 나라의 종교 출판사의 변천사라고 할 수 있는 우리 사도직의 역사를 간직하고 보존한다는 것은 더욱 중요한 일이 아닌가 싶다.

머피의 법칙(?) 8월 6일

일주일에 한두 번 빨래할 때쯤이면 하늘을 자주 보게 됩니다. 비라도 오게 되면 빨래를 미루어야 하기 때문이지요. 넉넉하지 않은 속옷이라서 빨래를 제때 못하면 곤경에 처하게 되지요. 오늘은 오전에 날씨가 좋아 재빨리 빨래를 들고 세탁기로 갔어요. 하지만 역시 누군가가

먼저 세탁기를 돌리고 있었습니다. 약 2시간을 기다렸다가 다시 도전! 아~ 또 늦었다. 또다시… 아하하하… 이번엔 비었다. 빨래를 세탁기에 넣고 OK! 그런데 이게 웬일이야? 세제가 없지 뭡니까? 빨래를 하고자 마음을 먹고 거의 5시간이 지나서야 세탁기를 돌릴 수 있었습니다. 그렇게 빨래를 끝내고 건조대로 갔지요. 역시 예상대로… 또 늦었죠. 조금 있으니까 먼저 널렸던 빨래가 뽀송뽀송해졌습니다. 햇볕이 좋았거든요. 사정없이 걷어 버리고, 헴! 기분 좋게 빨래를 널고 휴게실에서 가뿐한 마음으로 휴식을 즐기는데 잠시 후… '아닌 밤중에 날벼락'이라고. 갑자기 하늘이 어둑어둑해지더니 비가 쏟아지는 거 아니겠습니까! 으악! 지금 저의 빨래는 복도에 널려 있습니다. 이상하게 빨래만 하면 왜 이렇게 일이 꼬이는지 모르겠습니다.

비오는 날   8월 7일

비가 억수같이 오는 날
길을 나서니 발이 차갑다.

신발이 말한다.
"야야, 이젠 나도 늙었나 봐."

내가 말한다.

"산 지 1년도 안 되었는데…."

"병이 든 게지. 그럼 병원에 가야지."
촉새같이 우산이 거든다.

"그래, 오늘은 푹 쉬고
내일은 병원엘 가자꾸나."

이젠 '우두뚝' '우두뚝'
우산이 운다.

당신을 사랑하게 하소서 8월 8일

거울을 거의 보고 다니지 않는다. 그런데 오늘은 왠지 거울을 보게 되었다. 제일 먼저 눈에 들어온 모습은 나의 머리였다. 몇 년 전까지만 해도 군인 머리를 하여도 머리 밑이 보이지 않았다. 그런데 거울 속의 머리는 그렇게 짧은 것도 아닌데 머리 밑이 꽤 잘 보인다. 가슴이 허전하였다. 내가 본 성화에 나타난 예수님은 언제나 장발이었고 수염도 멋지게 있었다. 서로의 사랑이 깊어지면 그 모습도 닮아 간다고 하니….
 주님, 저 당신을 사랑하게 하소서! 당신이 저를 사랑하는 것과 같이!

넘어질 듯 넘어질 듯 8월 11일

넘어질 듯 넘어질 듯 곡예를 한 하루였습니다. 휴…. 큰일 날 뻔했네! 그랬었지요. 근데요, 그때 넘어졌어야 했어요. 예수님께서 당신의 십자가를 지고 넘어지셨음을 상기합니다. 예수님을 따른다고 해 놓고선 정작 본 게임에서 꼬리를 뺀 것입니다. 하느님은 약한 자 안에서 당신의 권능을 드러내신다고 하셨는데, 나는 정말 강하다고, 틀림이 없다고 태연한 척 넘어지지 않으려고 애썼던 오늘 하루 반성합니다. 그리고 내일은 잘못을 하지 않으려 애쓰기보다 넘어질 때 넘어지더라도 더 사랑하려 노력하는 하루가 되기를 바랍니다.

나는 '골'이 좋다 8월 12일

수도원 마당에 있는 사도의 모후상을 보면 맑아지고, 푸근해지며 아주 든든해집니다. 저녁 로사리오를 마치고 성모상 앞에 나란히 서서 수사님들과 성모 찬송을 하다가 가로등에 비춰지는 성모님의 치마 주름을 보았습니다. 튀어 나온 부분은 하얗게 보이고, 들어간 부분은 어두워 보이지 않았어요.

아하! 저 치마를 제대로 보기 위해선 빛과 들어간 부분 그리고 나온 부분이 있어야 가능한 거구나! 튀어나온 부분만이 아니라 들어가서 어두운 골도 받아들이고 똑바로 바라보아야 하는구나. 산을 바라볼 때도 그렇고. 또 오늘처럼 습한 저녁이 있으니 맑고 청청한 날에 감사할 수 있는 것이겠지!

감탄 8월 13일

칭찬하는 법을 아이들과 함께 지내면서 배웠는데 칭찬한다는 것이 실은 더 큰 어떤 능력을 전제로 한다는 걸 그때 깨달았습니다. 그것은 바로 감탄할 줄 아는 능력입니다. 그냥 입으로만 하는 의례적인 말, 추켜세워 주는 말이 아니 되려면 마음으로 감탄할 줄 알아야 하는 것 같습니다. 그렇게 되면 자연스럽게 그 감탄의 표현이 나오지요. 그것이 바로 칭찬입니다.

　그때는 표현이 얼마나 그럴듯한가, 얼마나 과장된 제스처를 쓰는가 하는 것은 중요하지 않게 됩니다. 사람에 대해, 사물에 대해, 일들에 대해 항상 새롭게 볼 줄 안다는 것, 거기에서 끊임없이 감탄할 거리를 찾아낼 줄 안다는 것, 이것은 기쁘게 살아가는 사람이 가지는 드문 능력 가운데 하나입니다. 동감하시지요? 동감하신다면 감탄해 보세요. 이 모니터는 얼마나 세련되게 생겼는가! 이 컴퓨터는 어쩌면 이렇게 속도가 빠른가! 이 사람은 어떻게 이렇게 수다쟁이일까…?

설거지 8월 15일

많은 양의 설거지를 할 때 우선 싱크대 서너 군데에 물을 받은 다음 한쪽에서 물에 담긴 그릇을 퐁퐁을 묻혀 문지르면 다른 쪽에서 그릇을 차례로 물에 담가 헹궈 낸다. 마지막 싱크대에 있는 물은 항상 깨끗하다. 그런데 출렁거릴 때는 깨끗한 물인 줄로만 알았는데 잠잠해지니 물아래 침전물이 보였다.

    활동하고 움직일 때는 티를 발견하기 어렵다. 옳은 줄 알고 했던 자신의 행동이 막상 침묵 속으로 빠져들면 물 아래 찌꺼기 같은 것들이 비로소 드러난다. 마음을 정화하기 위해서라도 의욕에 넘쳐 외치고 지시하며 온종일 활동하던 몸에게 하루에 한순간은 꼭 고요한 시간을 허락해야겠다.

전염병 8월 17일

보람찬 오늘 하루 일을 끝내고 잠시 짬이 나서 신문을 좀 들여다보았다. '네 탓이요!'라는 한 마디로 표현할 수 있는 기사들을 여러 지면에서 볼 수 있었다. 이는 무서운 전염병임이 분명하다. 예전과 좀 다르다면 그 표현들이 많이 세련되어 있다는 거다. 유심히 보지 않으면 알아보지 못할 정도이다. 어떤 말이든 자주 하다 보면 표현력이 좋아지는가 보다. 책임을 네 탓으로 돌리는 전염병에 감염되지 않도록 조심해야겠다.

거꾸로 나는 잠자리 8월 19일

잡념은 장맛비와 같다. 비 오면 우산을 쓰고 평소보다 걸음이 빨라진다. 그러나 나도 모르는 사이에 비에 젖어 든다.

어릴 때 잠자리를 잡아 꼬리에 실을 묶고 대작대기에 달아서 빙빙 돌린 적이 있었다. 잠자리는 빠져나가려 아무리 발버둥 쳐도 달아나지 못한다. 오히려 작대기를 치켜들고 달리기라도 하면 잠자리는 거꾸로 날 수밖에 없었다.

묵상 중 잡념에서 빠져나가려는 내 모습이 어릴 때 거꾸로 나는 잠자리의 모습과 너무 닮았다.

사랑하지 못했다 8월 21일

최근 나의 사랑을 보았다.
형체만 있고 속은 비어 있는….
진심眞心으로 함께 울어 주고, 함께 웃어 준 적이 있는가.
그 고귀한 생명을 축복해 주었는가, 진심盡心으로.
성실히 사랑하지 못했다.

감이 익을 때면 8월 22일

선선한 바람이 이제 제법 코끝에 와 닿았다. 옥상에서 목련 나무의 잎사귀를 보니 제법 누런 빛깔이 감도는 것이 떨어질 준비를 하는 것 같았다. 그렇게 무더운 여름이 어제 같은데… 떨떠름한 색깔의 감이 빨갛게 익을 때면 나는 얼마나 익어 있으려나?

엉클어진 매듭을 풀려면… 8월 24일

여름을 지나오면서 좀 지쳤다는 생각이 든다. 글쎄, 계속해서 움직여야 했으므로…. 몸도 마음도…. 지금쯤 가만히 앉아서 마치 남을 보듯 물끄러미 나를 바라보아야 할 때가 되었다. 모든 것이 엉키고 뒤죽박죽… 어찌 된 일일까….

  "엉클어진 밧줄을 풀려면 뒤엉킨 부분들과 매듭진 부분들을 느슨하게 해 놓고 가장 긴 끝이 나오는 부분을 찾아 동그랗게 구멍을 낸다. 그런 다음 스타킹을 말아 내리는 것과 똑같은 방식으로 그 끝을 말아 간다. 그러면서 계속 뒤엉키는 부분을 느슨하게 해 주고 절대 한쪽 끝을 잡아당겨서는 안 된다. 즉 완력을 사용하지 말고 엉킴이 저절로 풀리게 해야 한다."(「애슐리 매듭서」 The Ashley Book of Knots 참조)

또 다른 길을 가다 8월 25일

망가뜨린다.
　거꾸로 가 본다.
　그것은 새로운 가능성을 보는 것, 나의 지평을 넓히는 것. 언제나 올바르다고 생각하는 쪽으로만 가는 것이 전부는 아닐지도 모른다. 올바르다고 생각하는 것을 의심해 보는 것, 정正 방향만이 아니라 부負의 방향으로도 가보는 것. 그것이 나를 키워주는 길일 수 있다. 마이너스 쪽에도 해답이 있을 수 있다. 해답은 어쩌면 두 개였을 수도, 아니 여러 개였을 수도 있다. 어쩌면 해답은 만들어 가는 것일지 모른다. 거기에 걸림 없는 자유가 있는 것일까. 너무 한쪽만 고집하다가는 나는 인생의 반대쪽 면을 영영 보지 못하고 말 수도 있을 것이다.

뾰루지 8월 28일

며칠 전 왼쪽 엉덩이 뾰루지를 제거하고 꿰맨 자리에 반창고를 붙이니 영락없이 짝 궁둥이 신세가 되었다. 한쪽 엉덩이로만 앉아 있으려니 세상에 이런 불편함이 또 없는 듯하다. 똑바로 앉을 수 없으니 하루 종일 중히 할 일이 별로 없다.
　지금까지 모든 일과는 일어섰을 때 이루어지는 줄 알았다. 그런데 모든 일의 중간 과정에는 신중함을 필요로 하고 그 첨예화시키는 작업은 온전히 앉았을 때 이루어진다는 것을 배운다. 지금까지 앉는다는 것이 이렇듯 소중하게 다가온 적이 없었다.

'~이 있었으면', '~이 되었으면' 8월 29일

어떤 아이가 자기 생일에 형에게서 노트북을 선물 받았답니다. 그 아이는 그 선물을 받고 나서 너무 감격스러웠답니다. 그러니 그것을 보고 있던 옆에 있는 친구들은 어떠했겠습니까? 그들은 무척 부러운 나머지 "나도 이런 선물을 주는 형이 있었으면 좋겠다!" 했답니다. 그런데 그중 한 아이가 이러더랍니다. "나는 이런 선물을 하는 형이 되었으면 좋겠다."

오늘 교회법 시간에 신부님께서 들려주신 이야기입니다. 이 이야기를 듣고 있자니 다른 수도회의 훌륭한 분을 만나면 '내가 훗날에 그런 분이 되어야지.'라고 생각하기보다 '우리 수도회에는 왜 저런 분이 없는 거지.'라고 불평했던 제 자신이 부끄러웠습니다.

하느님께서 당신 외아들을 인간의 형상으로 내려 보내신 이유도 바로 인간이 당신을 사랑하기를 바라신 것보다 당신이 먼저 인간에게 사랑을 실천하기 위해 그렇게 한 것이 아닌가 하는 생각이 듭니다.

8월의 성탄 선물이 된 그대 8월 30일

    한낮은 여름이지만 하늘을 바라보고 있자면 그것만으로도 흐뭇하다. 제일 좋아하는 계절 가을이 다가왔다고 알려 주기 때문이다. 하늘은 티 없이 맑고 옥빛을 머금고 있다.
    하늘의 축복을 받은 오늘 식구 한 명이 늘었다. 새로 입회한 그 형제가 해병대 출신이라는 말을 듣고 수사님들이 은근히 오늘 밤을 기다리는 눈치였다. 우리 집에서는 새 입회자가 있는 날은 축구공으로 그날 밤을 기린다. 내가 입회한 날도 그랬고 지금까지 계속 그랬다.
    오늘은 그 형제가 긴장을 한 것인지 몸동작 하나하나가 조심스러웠다. 혹시 군 생활을 강화도에서 해서 축구를 한 적이 없었나? 형제가 맑고 푸른 오늘의 하늘과 같은 마음으로 하느님 가까이 다가설 수 있게 되기를….

겸덕을 구하는 기도

하느님,
저희가 인간적인 활동에만 의지하지 않음을
당신은 아시오니,
당신의 자비로써 이방인의 사도 바오로가
저희를 모든 역경에서 보호하게 하소서.
저 혼자서는 아무것도 할 수 없으나
하느님과 함께라면 무엇이든지 할 수 있나이다.
하느님의 사랑을 위하여 모든 것을 하고자 하오니
당신께는 영광이 되게 하시고
제게는 천국을 허락하소서.
우리 주 그리스도를 통하여 비나이다. 아멘.

(「바오로 가족 기도서」 27쪽)

9 월

개 혓바닥 늘어지듯… 9월 2일

선선한 바람이 불 때도 되었건만 늦더위가 기승을 부린다. 올 여름은 나를 잡기에 충분했다. 오뉴월에 개 혓바닥 늘어지듯 그렇게 축축 늘어지는 나의 모습을 볼 때면 내가 다 짜증이 났다. 신부님께서 주일에 등산을 간다고 하셨다. 기분도 그렇고 머리도 깎을 때가 되어 함께 입수련한 형제와 미장원을 하는 자매님 가게에 갔다. 내가 머리를 깎고 있을 때 손님들이 들어와 자매님과 담소를 나누는데 그중에 한 손님이 햇볕이 좋아 벼가 잘 익겠다고 하셨다. 순간, 덥다고 축축 늘어져 다닌 내 자신이 부끄러워졌다. 또 나만 생각하였다. 나는 언제쯤 남도 생각하면서 살 수 있을까?

깜빡 9월 5일

하도 잘 깜빡거려서
이번 학기에는
큰 맘 먹고 메모장을 준비했다.
아직까진 잘 쓰고 있는데

또 언제 메모장마저 사라질는지….

오늘은 내가 일기를 쓰는 날이지 하며
인터넷 방에 들어와서
편지만 확인하고 그냥 나갈 뻔했다.
아! 내가 또 깜빡거릴 뻔했네. 휴….

그냥 잊히는 것들이
내 주위에는 얼마나 많을까…
잊힌다는 것… 무서운 거다.
하지만 나의 잊힘은
가슴 깊이깊이 들어가는
그런 잊힘이면 좋겠다.

종신 서원을 준비하며… 9월 7일

수련소 식구들은 테크노 춤을 연습하고 있는 중. 내일 종신 서원식 마치고 있을 아카데미(축하연)에서 여흥을 돋우기 위해 무얼 할까 고민을 하다 춤의 왕인 비오 형제의 안무로 테크노 춤을 추기로 한 것이다. 셋이서 연습해 본 결과 이건 테크노 춤이 아니라 삼돌이 춤이라는 데 의견이 모아졌지만 테크노 춤이라는 게 별 거겠는가. 그것도 어차

피 사람이 추는 것인데…. 음, 내일 우리 수련소의 공연은 오랫동안 인구에 회자될 전대미문의 공연이 될 것이 분명하다. 기대하시라~.

종신 서원식을 준비하느라 집안 식구들이 모두 분주히 움직이고 있다. 성당과 집안 청소를 하는 사람, 전례와 예식서를 준비하는 사람, 꽃꽂이를 하는 협력자분들, 성인 호칭 기도를 연습하는 성가대…. 모두 한마음으로 움직이는 모습이 아름답다.

아름다움이란 바로 자기 자리에서 자기의 빛을 내는 것이라는 생각이 든다. 아름다움이란 객관적으로 존재하는 것이 아니라 내가 어떤 이(대상)를 사랑할 때 내 안에서 생겨나는 것이라는 말을 들은 적이 있다. 그렇겠지. 그런 아름다움이 우리에게 전해지는 것일 테지. 오늘 다른 사람들에게서 본 아름다움을 떠올리며 나의 아름다움은 어떤 모습일지 그려 본다. 종신 서원식 전날 밤이다.

종신 서원식 　9월 8일

푸르른 하늘 아래
두 명의 사내들이
하느님 품 안에 항구히 살아가겠다고 약속을 했다.

이 약속을 축복하기 위해서
여러 곳에서 형제들이 그리고 많은 축하객들이 모였다.

종신 서원식이 시작되었다.

형제들의 깊은 노랫소리와
성바오로딸수도회 수녀님들의 소리가 날개가 되어
두 형제들이 하늘을 향해 날아오른다.

이틀 전에는
스승예수의제자수녀회의 수녀님 여덟 분의 종신 서원식이 있었다.

이 가을, 하느님이 가을 농부가 되시어
추수하시나 보다.

당신 눈동자처럼 (종신 서원식 후기) 9월 9일

종신 서원식이 끝났습니다. 오후 3시에 종신 서원 미사가 있었고 그 다음에는 모두 모여 각 그룹별로 재미있는 장기 자랑을 하며 모두 즐거운 시간을 보냈습니다. 수련소에서는 마르티노 수사님 일대기를 비디오로 찍어 상영했고 유기 서원 수사님들은 요한 수사님에 관한 이야기를 슬라이드로 만들어서 해설을 곁들여 공연을 했습니다. 참 재미있었어요. 청원 형제들은 노래로 흥을 돋우었고 지원 형제들의 '악영향' 연극은 참 기발했지요. 사베리오 수사님 대금 연주, 또 수원 분원의 달팽이 나라 이야기… 손님으로 오신 두 분의 노래, 백 신부님의 뛰어난 테크노댄스 실력, 리푸조 수사님의 실종에 관한 연극… 모두 재미있었습니다. 모두 다 하느님이 주신 달란트를 가지고 있는 우리 수도원은 얼마나 아름다운 공동체가 될 수 있는가 새삼 생각해 보았습니다.

지금까지 오늘 주인공인 두 분 수사님은 멀리 밀쳐 두었군요. 오늘 미사를 집전하신 김옥균 주교님께서 강론 때 말씀하셨어요. "언제 어디서나 작은 예수로서 온전한 봉헌의 삶, 온전한 사랑의 삶을 사십시오." 저는 미사에서 복사를 섰는데 서원자들이 엎드리고 성인 호칭 기도를 할 때 눈물이 나오려고 해서 성당 천장의 형광등만 바라보았습니다. 오늘의 서약이 늘 당신 안에서 충실하게 지켜지도록 하느님께서 늘 그들을 지켜 주시기를 빕니다. 주님, 당신 눈동자처럼 그들을 돌보소서. 아멘.

피할 수 없는 마주침 9월 11일

무언가 시작할 때 사람은 외형적인 틀에 집중하게 마련이다. 그러나 시간이 흐르면서 그는 틀에서 벗어나 그 내면과 만난다. 수도 생활을 하면서도 그렇지 않을까. 처음에 그는 커다란 수도원 건물과 그 안의 적요함과 검은 수도복과 오래된 성무일도서의 표지에 압도되지만 흐르는 세월과 함께 수도원 안의 정신과 자신의 내면에 마주친다. 그것은 피할 수 없는 과정이다. 그것은 성화^{聖畵}의 표면에 덧칠된 물감 너머의 무엇, 화가의 정신에 의해 거기 새겨진 깊은 영성과 만나는 일이다.
　비가 되게 오네. 여름 장마도 아닌데. 창밖으로 한밤의 비 쏟아지는 소리. 저 건너 중국에 태풍이 와서 이렇게 비가 온다지.

밥상과 식탁   9월 12일

식탁에서 식사를 하다 어릴 적 밥상에 빙 둘러 앉아 식사를 하던 기억이 떠올랐다. 수년 전에는 어디를 가나 밥상에서 음식을 먹었다. 그런데 요즘은 식탁에서 음식을 먹는다. 식탁에는 '나'가 있고 밥상에는 '우리'가 있다. 밥상에서 음식을 나눌 때는 갑작스러운 방문에도 당황하지 않는다. 그저 서로가 좀 더 가까이 다가앉으면 그만이다. 식탁은 의자를 찾아야 한다. 의자를 가져와도 둘 자리가 마땅치 않다.
　각자의 개성과 특성 등을 존중하는 것도 중요하지만 자신의 두 팔을 벌려 다른 이를 받아들일 줄 아는 넉넉함은 우리들의 삶을 보다 따스하게 만들어 준다. 물 건너 왔다고 다 좋은 것 아니다.

비둘기 한 쌍   9월 15일

아침 기도와 식사 후 사도직을 하기 전에 꼭 먼저 들르는 곳이 있다. 그곳은 수련소 옥상인데 그곳에는 탁 트인 하늘과 나를 끌어당기는 북한산이 있다. 오늘도 변함없이 찾은 그곳에 벌써 손님들이 와 있다. 잘 어울리는 비둘기 한 쌍이 서로의 깃털을 다듬어 주고 있었다. 하루의 시작을 준비하는 장소에서 손님들의 사랑을 만나면서 가볍게 나의 하루도 사랑으로 시작할 수 있겠다.

어느 시인이 "행복이란 마음의 여백을 주는 것"이라고 했다. 다소 즐거운 순간을 기다리는 마음의 여백이 바로 행복이란다.

수업 없는 날 9월 16일

오전 수업 휴강입니다. 1학기 때는 오전 수업만 있어서 12시 반 되면 집으로 돌아올 수 있었는데 2학기 때는 월요일에 오후 수업이 있어서 시간 활용이 영 어색합니다. 좀 더 지나면 괜찮아질 수도 있겠지요.

저는 시간을 잘 쓸 줄 모릅니다. 계획은 그럴듯하게 잘 세워 놓고 막상 실천할 때는 계획이랑은 무관하게 즉흥적으로 처리해 버려요. 그래서 이득을 보는 경우도 있지만 손해 보는 경우도 적지 않죠. 늘 계획대로 실천하자는 다짐을 해 보지만 게을러서 그런지….

지키지도 못할 계획을 제가 계속 세우는 건 언젠가는 지키리라는 희망 때문인 것 같습니다. 그런 말 있잖아요. '작심삼일도 삼 일에 한 번씩 하면 계속 이어 갈 수 있어서 해볼 만하다.'라는 말이요. 저도 그런 마음에서 계획을 세우나 봅니다. 그래서 이런 수업 없는 날… 더 힘들지만 더 희망적인 것이 아닐까요?

악마의 미소 9월 18일

국어 시간에 지난 글쓰기에 대한 점수가 발표되었다. 나의 점수는 아주 잘 나왔는데 옆 형제의 점수는 좋지 않았다. 겉으로는 그냥 '뭐, 그럴 수도 있지.'라는 표정을 지어 보였지만 속은 맑지 않은 쾌감에 야릇한 미소를 짓고 있었다. 악마는 마음속에서 그렇게 나를 조정하나 보다.

　기도도 공부도 힘에 부칠 때 이런 악마의 미소가 떠오르면 더욱 두렵고 몸을 움츠리게 된다. 빨리 이런 공포에서 벗어나야 할 텐데…. 요즘 기도에 도통 집중하지 못하지만 그럴수록 더 열심히 해야겠다.

가을 오후 9월 19일

오랜만에 좋은 가을날이다. 지붕 위에 햇빛이 반짝거리고 빨래들도 바람에 즐거이 날린다. 텔레비전 안테나 위엔 비둘기 한 마리가 한가로이 앉았고… 저러면 텔레비전에 비둘기가 나오는 건 아닐까…. 멍청한 생각을 해 본다.

　얼마 전에 본 프랑스 영화에서 여배우 한 명이 인상적이었는데 눈이 아주 크고 머리가 단발인 사람이었다. 자신을 놀린 이웃집 아저씨를 혼내 주려고 옥상의 텔레비전 안테나의 선을 뺐다 끼웠다 하는 장면이 그 영화에 나왔었다. 텔레비전에서는 한창 축구 경기를 하고 있

는 중이었고 그 아저씨는 결정적인 순간마다 안 나오는 텔레비전 때문에 마치 곰처럼 뛰고 있었다. 한가로운 토요일 오후다.

강아지 식구들 9월 22일

분원에 강아지가 두 마리 생겼습니다. 고개 아래 살던 초등학생 필우네가 이사 가면서 강아지 두 마리를 주고 갔기 때문입니다. 한 마리는 그냥 하얗고 한 마리는 검은 점이 있는 녀석입니다. 그래서 점박이라고 이름 지었습니다. 밤톨을 던져 주거나 테니스공을 굴려 주면 이리저리 굴리고 다니고 물고 다니며 즐거워합니다.

덕분에 전부터 있던 한라는 좀 심드렁해졌지요. 살아온 세월이 있어서 그런지 좀 크고 강아지들처럼 귀엽게 노는 게 아니라 옆에 가면 마구 덮치고 침을 바르는 등 징그럽거든요. 그래도 공평하게 사랑을 주려고 노력합니다. 무엇이든 어릴 때는 귀엽지만 커 버리면 안 그렇습니다. 한라도 본원 뒷동산에서 귀엽게 놀던 때가 있었지요. 점박이와 그 형제는 커도 몸집이 그대로라고 하니 이 녀석들한테는 다행인지 모르겠습니다.

분원에 점박이네가 오면서 집도 한 채 새로 생겼고 밤만 되면 껑껑 짖는 울음소리도 삼중창으로 바뀌었습니다. 강아지라고 해도 어쨌든 수도원 식구가 늘었으니 좋은 일이겠지요.

감기 9월 23일

이맘 때 꼭 찾아오는 감기에 올해 또 걸렸다. 철이 바뀌려면 이렇게 신고식을 해야 하나 보다. 콧물감기가 여간 귀찮은 게 아니다. 계속 코를 푸니 이러다가 코가 없어지는 거 아냐? 싶기도 하다. 아침에 감기약 먹고 강의 들으러 갔더니만 수업 내내 비몽사몽이었다. 졸리는 걸 억지로 참고 듣긴 했는데 무슨 말을 늘었는지 통 기억에 없다.

　엉겁결에 몸에 맞지 않는 청바지를 걸치고 왔더니만 쉬는 시간에 전부 다 "그 나이에 웬 힙합?" 하고 난리다. 힙합 바지 끌며 빨리 집에 가야지. 가서 빨리 쉬어야겠다는 마음만 한가득.

외짝 양말 9월 24일

수녀님께서 양말을 주셨다. 그런데 하나는 짝이 없었다. 그 짝 없는 양말을 수녀님들 테이블 위에 두었다. 나의 마음도 이런 짝 없는 양말이면 신을 수도 없겠다. 색깔이 달라도 짝이 있다면 신을 수 있으련만 외짝이면 어디 다 쓰겠는가.

　사람을 좋아함에 있어, 어떤 일을 함에 있어서도 한쪽 마음만 가지고 있다면 그냥 버려진 것만 못하리라. 균형을 이루고 살아간다는 것이 쉬이 되는 일이 아님이 분명한데 남은 삶을 어떻게 균형 있게 살아가는지….

가슴 시린 하늘   9월 27일

오늘 하늘은 가슴 시리도록 푸르다.

지나가 버린 만남과 이별들이
하늘에 비추어진다.
나를 비추는 거울인 양

어제 내린 비가 오늘 내 가슴에 내리는가 보다.
그래서 맑은 하늘이 시린가 보다.

내일은 말씀이
거울에 비추어지면 좋겠다.

호호 밤을 구워 먹지요   9월 28일

다른 어떤 것을 바라보지 말 것, 다른 어떤 사람을 바라보지 말 것. 다른 존재를 바라보면 내 안에 대(對)하는 마음이 생긴다. 그 마음은 말하자면 기준과 같은 것이어서 나의 향상에 어떤 한계를 만든다. 나는 기껏해야 그 존재가 담을 수 있는 것까지밖에는 얻을 수 없는 것이다.
 저녁 먹고 공동체 식구들이 측백나무 밑에 둘러앉아 모닥불을 피우고 밤을 구워 먹었다. 고구마도 구웠는데 너무 구워서 타 버렸고. 초등학교 다닐 때 부르던 노래처럼, 부엉 부엉이가 우는 밤. 부엉 춥다고 우는데 우리들은 할머니 곁에 호호 밤을 구워 먹지요. 아직 춥지는 않지만 참 재미있었다. 모닥불은 탁탁 소리를 내며 타오르고 밤은 맛있고…. 갑자기 수녀님들이 장난기가 발동해서 얼굴에 숯검정을 칠하는 바람에 모두들 인디언같이 되어 버렸다. 작년 가을에는 수원 분원 주위의 낙엽을 태우다가 감자와 고구마를 구워 먹었었는데…. 언제 이렇게 시간이 흐른 것일까. 갑자기 그 순간에서 지금으로 시간 이동을 한 것 같은 생각이 든다. 또 내년 이맘때 그런 글을 쓸지도 모르겠다 싶어 왠지 쓸쓸해지네. 그래도 그건 내가 관여할 영역은 아니니 맛있게 밤을 구워 먹어야지. 냠냠 그러면서….

마리오 수사님 9월 29일

1960년대에 이탈리아에서 우리나라에 선교사로 오신 마리오 수사님은 목수, 보일러공, 포도원지기이며 소박한 철물점과 작은 토끼장도 운영하는 농장주이다. 참 포도주도 담그신다. 정말 '슈퍼마리오'이다. 그분께서 이런 강의를 해 주셨다. "배고픈 자는 아프지도 않는다. 그리고 가난한 자는 자기의 모든 것을 최대한 발휘하여 그 가난으로부터 탈피하려 한다. 내가 처음 한국에 왔을 때 아무것도 없었다. 우유도 빵도 정말 아무것도 없었다. 주위에는 산이며 밭뿐이었다. 그런데

뒷산에 염소 한마리가 있어 그 염소 주인에게 사정사정하여 그것을 얻어 우유를 얻었고 빵 굽는 오븐이 없어 직접 만들었다. 먹고 살기 위하여 최대한 노력하였다." 만약에 내가 그 입장이었다면 어땠을까. 지금 생각해도 갑갑하다. 마리오 수사님의 이야기를 듣다 보면 그때의 그런 상황들 속에서 은총을 충분히 받았다고 확신하고 계심을 알 수 있었다. 우리말을 배울 틈도 없이 일하셨기에 옛이야기를 좀 더 재미나게 들을 수 없는 것이 아쉽다. 청계천에서 오랫동안 일하던 분들 중에 마리오 수사님을 모르는 분이 없다고 들었다.

　젊었을 때 없는 가운데서 창조하는 법을 배우라는 마리오 수사님을 보며 많은 것을 생각하였다. 수업이 끝나고 거울 앞에서 내 모습을 보니 꼭 배부른 누룩 돼지처럼 느껴졌다.

사회 커뮤니케이션 사도직을 위하여

하느님, 당신의 사랑을 사람들에게 전하고자
당신의 외아들 예수 그리스도를 지상에 보내시어
인류의 길 진리 생명이신 스승으로 세우셨으니,
사회 커뮤니케이션 수단이 언제나 당신의 영광과
사람들의 선을 위하여 사용되게 하소서.
멀티미디어 사도직을 위한 성소를 일으켜 주시고,
교회가 이러한 수단을 통하여
모든 사람에게 복음을 전할 수 있도록
기도와 활동과 희사로 공헌하고자 하는
좋은 뜻을 가진 모든 이들에게 영감을 불어넣어 주소서. 아멘.

(「바오로 가족 기도서」 269쪽)

10월

백 신부님의 머리 모양 10월 3일

"아니 사람이 달라 보이네요." 오늘 최대 이슈는 백 신부님의 헤어스타일이다. 전에 있던 굽실굽실한 머리 모양은 온데간데없고 쪽쪽 내린 머리카락만이 그 자리에 있었다. 좀 이상해 보였지만 어딘지 모르게 정감이 간다. 이마가 그렇게 넓으신지 예전엔 미처 몰랐었다. 신부님은 이런 상황이 쑥스러웠는지 6개월이나 간다고 하던데 하신다. 이렇게 달라진 신부님의 모습에 박수를 쳐 드리고 싶다. 여태까지 너무 일관된 모습만을 보여 주셨다. 가끔 변화를 주시는 것이 당신 자신을 위해서도 좋으실 듯싶다.

프란치스코 축일 10월 4일

오늘은 프란치스코 성인의 축일. 프란치스코 성인이 참 좋다. 모든 것을 버리고 알몸으로(정말 말 그대로 알몸으로!) 집을 떠났던 성인. 그런 분이라면 늑대를 감화시키는 것도 어렵지 않았을 테지.

남자 수도회들의 수련자 대회에 갔을 때 작은형제회에서 온 사람들도 만났다. 우스개였겠지만 작은형제회에서는 최고의 칭찬이 "형제, 정말 쪼맨하네(자그마하네)."라고 한다. 서로 남의 밑자리를 차지하려는 노력, 작은 자가 되려고 하는 원의가 바로 가난의 정신을 사는 프란치스칸들의 영성임을 짐작할 수 있었다. 그 '쪼맨한 형제들' 중에는 타이완에서 온 이도 있었다. 본래 한국 사람이지만 타이완의 작은 형제회에 성소자가 없으니 타이완으로 가겠느냐는 장상의 말에 쾌히 응답하고 그곳으로 건너가 타이완에서 살고 있는 '정말 쪼맨한' 형제였다.

　수도자가 살아가야 할 가난이란 그런 것 같다. 내가 가진 모든 것을 쾌히 포기하는 것, 가족도 형제도 직업도 한국말을 하며 사는 지극히 당연한 삶의 형태까지도. 나에게 가난을 보여 준 성 프란치스코의 제자에게 감사하며….

우와, 어머머, 야 10월 5일

바오로 가족 수도회 수련자 모임을 다녀왔다. 조금은 짧은 기간이었다. 가족이라는 말이 머리에서 마음으로 내려오는 순간 작별의 인사를 나누어야 했다. 좀 아쉬웠다. 몇 명의 수련 자매들이 관광버스 문 앞에서 한동안 머물고 있었다. 그러면서 '우와, 우와, 야, 어머머' 이런 소리를 연발한다. 그 자리에서 '열려라, 닫혀라'라는 말을 반복하면서 말이다. 차에 음성 인식 장치가 있어서 그 소리에 따라 문이 열리고 닫히는 것이었다. 그리고 나서 자신들을 보는 눈을 보고는 '5년

만의 세상 구경'이라고 넉살좋게 둘러댄다. 보기 드문 이런 장면들이 좋은 추억으로 남는다.

주방에서 물 끓는 소리   10월 7일

학창 시절 공부를 하려고 책상에 앉기만 하면 미처 하지 못했던 일들, 꼭 해야만 할 것 같은 것들이 떠올라 엉덩이를 붙이고 있지 못했다. 더구나 엄마는 왜 내가 공부하려고 방에만 들어가면 지지고 볶고 요리를 하시는지. 그 냄새, 그 물 끓는 소리….

  지금도 형태만 다를 뿐 비슷한 것 같다. 기도하려고 앉으면 자꾸 딴 생각이 나니…. 누군가가 이런 나에게 자꾸 떠오르는 것들을 애써 지우려 하지 말고 그냥 편하게 흘려보내라 한다. 그 물 끓는 소리를 귀로 막으며 피하려 하지 말고 차분히 침묵 속에서 올라오는 소리에 귀를 기울여야겠다.

수도원에서 사는 행복   10월 9일

가끔씩 아주 눈이 맑은 사람을 만난다. 어릴 적에야 누구나 그런 눈을 갖고 있지만('머루 열매 같은 눈동자'라는 표현처럼) 나이가 들면 다 잃어버리는 아름답고 맑은 눈을 가진 사람을 만날 때가 있다. 눈이 영혼의

창이라고 한다면 그런 사람들은 마음이 맑고 아름다운 사람들이다. 나이가 들어도 그런 맑은 마음, 맑은 눈을 간직하고 있는 사람들을 가끔씩 볼 수 있다는 게 수도원에서 사는 행복이 아닐까? 그런 생각이 든다. 아주 맑고 맑게 되어서 종국에는 투명해지는 아름다운 영혼이 되고 싶다. 그럴 수 있을까….

엊그제 이런 얘기를 들었는데 우리가 일생을 마치고 하느님 앞에 갈 때 아주 맑고 아름다운 모습으로 갈 수 있겠느냐고, 예수님을 본받아 살려고 아등바등 애쓰다 보면 수없이 칼을 맞아 만신창이가 된 도마와 같은 꼴로 가야 되지 않겠느냐고(그런 말씀을 하신 수녀님은 아마 회갑을 바라보시는 것 같은데 그 눈이 무척 맑았다).

그는 혼자가 아니었다 10월 11일

아침부터 공동체가 부산하다. 저녁 식사 후 성당 옆에 차려진 만남의 장소에 형제들이 하나둘씩 모이기 시작했다. 출석을 체크했다. 아직 오지 못한 마지막 한 명을 기다렸다. 잠시 후 우리 모두가 기다리던 암 투병 중인 형제가 들어왔다.

그는 혼자가 아니었다. 두 형제와 함께 입장하며 자신을 기다리던 모든 형제들과 따스한 손 인사를 나눈다. 그리고 자신을 위해서 준비된 자리에 앉는다. 그 후 형제들의 묵직한 목소리를 통하여 성가가 울려 퍼진다. 벨라도 수사님의 절제된 목소리를 통하여 행복 선언이 선포된다. 이어지는 백 수사님의 짧은 말씀, 마지막으로 우리들을 기다리게 한 야고보 수사님의 말씀이 이어졌다. '바오로 가족의 첫 사제라는 것이 매우 두려웠다고, 자신의 가난함을 알기에 그리고 모두를 사랑한다고 아울러 감사하다.'고 이렇게 자신에게 남아 있는 생명의 불꽃을 형제들에게 내어놓는다.

    그 불꽃 아래에 우리들의 눈가에 이슬이 맺힌다. 그 불꽃 아래에 우리들의 입가에 미소가 피어오른다. 우리 모두 함께한 사진을 찍었다. 그리고 자신만의 사진을 찍었다. 야고보 수사님께서 우리에게 큰 선물을 준 날이다.

때   10월 12일

때가 있다,
뭐든지.

그때를 기다린다는 것은
참 괴로운 일이다.

나는 나의 꽃이
피어날 때를 기다리고⋯.

그분은
나의 힘이 다 빠져
바닥까지 내려갈 때를
기다리시는 듯하다.

도대체 언제까지입니까….

청소 10월 13일

수련소의 휴게실에 있는 낡고 조그마한 냉장고를 밖으로 내왔습니다. 냉동실의 성에를 제거하기 위해서입니다. 냉장고를 들어내니 언제 생겼는지 먼지가 가득합니다.

   생활하다 보면 평소에 의식하지 못했던 것을 갑자기 느끼고 의식하게 될 때가 있습니다. 그때가 자신을 좀 더 명확하게 알게 되는 시간이 아닌가 생각합니다. 내 안에 있는 먼지와 같은 존재를 보게 되고 주님의 은총과 사랑 안에서 치유할 수 있기를 희망합니다.

아침부터 한바탕! 10월 15일

알다가도 모르는 게 사람 마음이라고 신부님의 마음을 가끔 가다 모를 때가 있다. 오늘은 아침부터 한바탕하셨다. 왜 그런지 전에 우리들에게 대하셨던 그런 태도는 간데없고 수련소를 발칵 뒤집어 놓으셨다. 뭐 쌓이는 게 있으신가! 무엇을 우리가 잘못했는지…. 그래서 곰곰이 생각해 봤는데 잘 떠오르지 않았다. 문제점을 모르는 게 정말 문제인지 아니면 정말 우리가 큰 잘못을 했는지 그것도 아니면 신부님의 개인 문제인지….

함께 산다는 것이 이래서 힘든가 보다. 사도들은 예수님과 아무 문제없이 잘 지냈었나? 아닐 것이다. 분명 문제가 있었을 것인데 그들은 그 문제를 어떻게 해결했을까? 음, 어쩌면 문제의 소지가 없었을 수도 있지 않았을까?

걱정스럽다 10월 16일

노트북이 말썽을 부려 복자회에 가서 수사님의 도움을 받아 간신히 데이터만 살리고 돌아왔다. 어쩌나 입이 마르고 정신이 없는지 아찔할 정도였다. "온갖 자료가 모두 들어 있는데… 그것이 날아가는 날에는…."

그러다 이런 생각이 들었다. 그분을 잊어버리고 살 때 이렇게 애를 태운 적이 있었는가? 그분과의 소중한 기억을 잊어버렸으면서도 너무나 잘 지내는 내 자신이 부끄럽다. 그분 안에서 평온함을 빨리 찾아야 할 텐데…. 걱정스럽다.

너무 힘든 피정   10월 17일

너무 힘든 피정이었다. 거의 정리된 나의 문제들이 다시 떠오르며 이제 나의 방법이 아닌 그분의 방법으로 정리되는데 이루 말할 수 없는 고통이 수반되었다. 마지막 시간에 나눔의 시간이 있었다. 차례가 다 가올수록 그냥 지나갔으면 했다. 입술이 마르고 떨리기 시작했다. 마구 떨었다, 꼭 오한에 걸린 것처럼! 차례가 되어 이야기를 시작하는데 걷잡을 수 없었다. 눈물이 흘렀고 더 이상 말을 이어 갈 수 없었다. 그 자리에서 바로 일어나 내 방에 들어가 정신없이 울었다.

다 울고 나서 창문 너머 노을을 봤다. 아름다웠다. 어제의 노을과 오늘의 노을이 다를 리 없지만 색깔이 그리 고울 수 없었다. 수련을 함께하는 형제가 들어와 내 무릎에 손을 얹으며 "이제 정말 다 끝났다."라고 말을 건넸다. 이제 그분께서 나를 이끄실 것이다.

산으로 가다   10월 19일

이른 아침에 미리 주문한 김밥을 받아 들고 화계사(북한산)로 향했습니다. 이미 많은 사람들이 어둠이 물러가는 산속을 걸어 내려오고 있었습니다. 새도, 풀벌레도 잠든 새벽 공양을 하는 스님들의 집을 뒤로 하고 부지런히 하느님께서 마련하신 동산으로 올라갔습니다.

북한산 칼바위 능선 밑에 자리를 잡고서 내려다보니 전율이 돋았

습니다. 두둥 하고 빨갛게 떠오르는 태양이 황금빛 빛줄기를 산하에 뿌리는 광경은 신비로웠습니다. 이 신비로운 아침에 바위 위에서 미사를 드리고 식사를 했습니다. 산을 내려오는 길에 어떤 수사님이 다음 주에도 오자고 했습니다. 정말 매주 오고 싶은 마음입니다. 아마 자주 산에서 미사를 드릴 수는 없겠지만 공동체에서 늘 하는 아침 기도와 미사 때 오늘 아침의 감동은 한동안 이어질 것 같습니다.

주사는 역시 맞기 싫어 10월 20일

저녁 때 간호 수녀님한테 가서 간염 예방 접종을 했다. 3차 접종. 마지막이다. 주사를 맞을 때 어깨가 묵지근한 것이 조금 아팠다. 음… 전에 주사 맞으면서 아프다고 생각한 적이 없었는데 나도 변했나 보다. 아니면 솔직해진 것인지도 모르지. 그렇다면 잘된 일이다.

사실 살면서 크게 아파 본 적이 없어서 건강에 관한 한 나는 교만한 편이다. '나는 안 아파.' 이런 생각이 늘 있다. 이러다가 언젠가 한 번 크게 혼나지 싶은데 신부님 말씀으로는 젊다는 것 하나만으로도 사람은 교만해진다고 한다. 그 말을 이해하는 순간은 나도 더 이상 젊다고 생각하지 않는 때겠지. 상상만 해도 좀 서글퍼지는 느낌. 더 이상 젊지 않다는 느낌은 어떤 것일까?

우리는 약하고 보잘것없는 사람에 지나지 않는다. 다만 우리는 알지 못하고 안간힘을 쓰다가, 도망치다가, 주저앉아 있다가 홀연 깨닫는다. 전체를 꿰뚫는 의미를, 그 조각조각의 순간들을. 어떤 때는 실망하고 어떤 때는 기뻐하고 어떤 때는 힘겨워했지만 그런 실망과 기쁨과 힘듦을 하나로 이으면서 작용하고 있던 힘을 깨닫는다. 그럴 때 우리가 무슨 말을 할까. 수긍의 표시? 항복 선언? 깨달음의 탄성? 처음부터 우리 안에 자리하고 있다가 실망과 기쁨과 힘든 한숨을 통해 의식의 수면 위로 떠오르는 그 깨달음의 말은 어떤 것일까. "그렇습니다, 아버지! 아버지의 선하신 뜻이 이렇게 이루어졌습니다."(루가 10,21)

풍경   10월 21일

책 읽기 좋은 계절이라고 동생이 책을 두 권 보내왔다. 신학에 관한 책(음, 나를 과대평가하고 있군)과 원성 스님의 「풍경」이라는 책이다. 풍경은 절집의 처마에 달린 그 풍경인지 아니면 '안개 속의 풍경'이라 할 때의 풍경인지는 모르겠다. 어쨌든 풍경이라는 말은 많은 울림을 갖고 있는 말인 것 같다.

세상 풍경 중에서 제일 아름다운 풍경
모든 것들이 제자리로 돌아가는 풍경
세상 풍경 중에서 제일 아름다운 풍경
모든 것들이 제자리로 돌아오는 풍경
우~ 우~ 풍경 우~ 우~ 풍경

하덕규의 노래 풍경이다. 무척 좋아하는 노래이다. 혼자 있을 때 나지막이 부르면 마음이 가라앉는다. 아주 단순한 노랫말에 단순한 가락이지만 무언가 깊은 뜻이 들어 있는 것 같은 노래. 한적하고 햇살 따뜻한 추수가 끝난 뒤의 논두렁을 걷는 듯…. 아마 그런 기분으로 하덕규는 이 노래를 만들지 않았을까. 누구나 돌아갈 곳이 있다고, 그곳이 어딘지 가만히 생각해 보라고 그렇게 권하고 있는 노래이다. 생각해 보자. 내가 돌아갈 곳은 어디인지, 내가 쉴 곳은 어디인지….

극진한 사랑 10월 23일

자신이 죽을 때를 알면 누가 무슨 큰 잘못을 해도 모두 용서해 준다. 몇 년 전 어머니께서 하늘에 오를 날을 기다리며 하루하루를 보내실 때 나는 늦은 시간까지 친구들과 어울리며 그분을 외면했다. 그래도 어머니는 아들의 머리를 쓸어 주며 걱정스레 "몸은 괜찮으냐?"고 하시며 손을 잡아 주셨다.

'극진히 사랑해 주셨다.'는 성경 말씀의 의미를 가정에서 혹은 매일의 삶 속에서 주위로부터 극진한 사랑을 받고 있음을 자각할 때 알아 간다.

새벽엔 무얼 하오 10월 25일

새벽엔 무얼 하오.
아주 먼 옛날 첫 아담이 나를 깨우고
밤새워 경계한 후 동트기 전 해안을 거니는 초병이 있는
새벽엔 무얼 하오.
흰 승려가 암자에서 어렴풋이 내려가며 밟는 낙엽 소리와
자명종이 날 일으켜 비몽사몽 세면하고 성당으로 내려가는
새벽엔 무얼 하오.

요즘 날씨가 제법 쌀쌀해졌다. 곧 겨울이 올 모양이다. 새벽을 깨우며 열심히 일하는 모든 분들께 감사드린다. 항상 건강하시고 늦잠 자는 사람들이 정신 들 때까지 복 많이 받으시길.

꼬여만 가는 마음 10월 26일

마음을 다스리기가 얼마나 어려운가! 내가 가지고 있는 마음이지만 내 뜻대로 되지 않는 것이 마음이라는 존재인 것 같다.
  옆에 있는 형제의 행동 하나하나가 신경에 거슬려 미워졌다 화가 났다 그런다. 다른 이를 내 마음에 맞춘다는 것이 얼마나 어리석은 일인 줄 알면서도 그것을 다스리지 못하는 내가 한심스럽다. 몇 번이고

이야기했던 문제를 그 형제는 의식하지 못한다. 의식하지 못하고 지금까지 그렇게 행동하는 것이라면 그 형제의 천성일 터인데 그것을 받아들이기가 무척 힘들다. 그 형제는 내가 왜 그런지 모르고 있다. 둔감한 건지 둔감한 척하는 것인지…. 생각이 복잡해지고 마음이 자꾸만 꼬여만 가니 어떻게 해야 할지 모르겠다.

반중 조홍감이 고와도 보이나다 10월 27일

오늘 새 신발을 샀답니다. "새 신을 신고 뛰어보자 팔짝…." 초등학교 2학년 때인가 아버지를 조르고 졸라서 축구화를 샀던 때가 생각났습니다. 왜 그렇게도 사 주신다고 말씀만 하시던지… 어린 저는 무척 애가 타 있었죠.

   나이가 들어서 부모님을 떠나서야 그 마음을 깨닫습니다. 그렇게 정 많으신 분이 왜 축구화를 사 주기 싫으셨겠습니까! 백 켤레라도 사 주고 싶은 게 부모의 마음인 것을…. 참 철없던 때였지요. 이렇게 나이를 먹어도 어른이 아니라 소년 같다는 생각을 종종합니다. 아직도 철이 안 든 것이지요.

   무엇이든 다 때가 있는 것 같아요. 봄이 가고, 또 여름이 가면서 이제 꽃 볼 일은 드물겠구나, 했더니만 그새 뒷동산에 국화들이 얼굴을 내밀었더군요. 좀 더 일찍 아버지의 마음을 알았더라면 좋았을 것을… 하고 이제 와서 후회하지만 어쩌면 지금이 그때인지도 모르지요….

어려운 이야기! (형제에게) 10월 29일

형제에게 마음에 품고 있던 어려운 이야기를 했습니다. 이야기하기 전에 그 형제가 잘 받아 줄지 어떨지를 몰라 망설였는데 막상 이야기를 하니 잘 받아 주어 얼마나 하느님께 감사를 드렸는지 모릅니다. 조금 가까워진 것 같습니다. 언제 기회가 되면 형제의 슬픔을 같이 나누고 싶다고 이야기할 것입니다. 하지만 두려움이 많은 제가 그 이야기를 언제 할 수 있을지 모르겠습니다. 짧은 시간이었지만 그 형제에 대한 나의 잘못도 무엇인지 알게 되었습니다. 하느님이 맺어 주신 그 형제와 저의 인연이 앞으로 어떻게 이어질지 사뭇 기대됩니다.

뼈대 있는 가문 10월 30일

스승 예수 대축일 미사 후 개운한 콩나물국에 밥을 말아먹고 수녀원을 나서는데 원장 수녀님께서 멸치 한 박스를 주셨다. 국물용으로 쓰면 국물을 맛있게 우려낸다는 설명을 곁들여서 말이다. 옆에 계시던 수녀님께서는 국물용으로 쓰기에는 아까운 멸치이니 머리와 똥을 떼고 살짝 볶으면 간식으로도 괜찮다고 하신다.

　집에 가지고 와서 수녀님께서 말씀하신 대로 멸치를 반으로 갈라 양쪽 살만 따로 모으기 시작했다. 그런데 멸치 한 박스가 왜 그리 많은지… 수많은 멸치들을 바라보며 하염없이 멸치 속을 긁어내다 보

니 이 멸치들은 뼈대가 있는 멸치들로, 모두 한 가족이구나 싶었다. 이렇게 마른 멸치가 되기 전에는 오손도손 한데 어울려 굽이치는 물결에 등살을 비비며 짭조름하고 맛깔스러운 바닷물 속을 마음껏 헤엄치던 뼈대 있는 형제자매들이었다는 생각이 들었다.

순간, 에코! 멸치들만 뼈대가 있는 것이 아니구나! 오늘은 스승 예수 대축일! 우리들이야말로 모두 모여 함께 주님의 식탁에 봉사하며 말씀을 나누고 오손도손 어울려 즐거운 시간을 보낸, 스승 예수님의 뼈대 위에 세워진 뼈대 있는 바오로 가족이다. 그래서 오늘도 스승 예수님으로부터 보고, 듣고, 배운 것을 살고 전한다.

저녁 기도

나의 하느님,
저는 당신을 흠숭하고 마음을 다해 당신을 사랑합니다.
당신은 저를 창조하시어 그리스도인이 되게 하셨고,
오늘 하루를 지켜 주셨으니 감사드립니다.
오늘 하루 동안 제가 지은 죄를 용서하시고,
만일 어떤 선을 행하였거든 받아들이소서.
잠잘 때에 저를 지켜 주시고 위험에서 구해 주소서.
당신 은총이 늘 저와 저의 모든 친지들과 함께하소서. 아멘.

(「바오로 가족 기도서」 35쪽)

11월

찬바람이 불면 11월 1일

찬바람이 불면 머리가 너무 아프다. 그 고통이 눈까지 이어지니 괴롭다. 그 아픔 덕에 추위를 모를 수도… 이렇게 나에게 다가오는 여러 신호들이 있겠지… 그러한 것들을 지혜롭게 알아차릴 수 있으면 좋으련만.

 이른 아침 빨갛게 올라오는 해님을 보았다. 또 하루를 시작하는 나에게 그건 어떤 신호일까?

배추밭 나들이 11월 2일

오늘 뜻하지 않게 배추밭에 다녀왔지 뭐예요. 수도회를 영적 물적으로 도와주시는 협력자 분이 가꾸는 배추밭에 배추를 묶고 왔지요. 저 멀리 파주까지. 똑같이 심었는데 어떤 것은 작고, 어떤 것은 크더라고요. 작은 놈은 아주 쉽고 빨리 묶었는데 큰 놈은 큼지막해서, 보기에는 좋았지만 묶는 데 어느 정도의 수고를 필요로 하더군요.

 그래요, 결실을 거둘 때가 되어 그동안 가꾼 것들을 돌아보면 잘된 것도 있고, 영 마음에 들지 않는 것도 있지요. 하지만 결실의 크기가 다를 뿐 그것에 들어간 정성은 다 똑같을 것 같아요. 크기는 다 다르지만 각자의 자리에서 '나는 배추입네.' 하고 꼿꼿이 서 있는 배추를 보며 그해 땀방울의 정성을 들였을 농부의 마음과 또 너무도 각각이 다른 우리 모두에게 한결같이 사랑을 쏟으시는 하느님의 마음은 닮아 있지 않을까 합니다.

참 좋은 오후였어요. 맑은 가을 하늘 아래서 해가 뉘엿뉘엿 산 너머로 떨어질 때까지 흙과 배추와 함께한 날이었습니다.

인생의 가을 11월 3일

지난 주일은 마리오 수사님의 금경축이었다. 수도원이 온통 잔치 분위기로 기뻐하며 모두 모여 미사를 드리고 축하식도 하고 음식도 함께 나누었다. 마리오 수사님의 애창곡 '노란 샤쓰의 사나이'를 세 가지 버전으로 들었는데 맨 첫 번째는 수도회 유기 서원자들이 씩씩하고 약간 느끼하게 "노오란~" 하고 불렀던 느끼한 버전이었고 둘째는 성바오로딸수도회 수련자들이 약간 개사해서 "마리오 수사님이 어쩐지 맘에 들어~" 하고 부른 앙증맞은 버전이었다. 마지막은 마리오 수사님이 직접 불러 주신 원판 노란 샤쓰였다. 역시 원판만 한 복사본은 없는 법.

오후에 현관 앞에 있다가 가족 수도회 할머니 수녀님이 선물을 가져오신 걸 보았다. "마리오 수사님, 여기 인삼 가져왔어요. 이거 드시

고 건강하셔야 해요." 하시는 모습이 수도 생활을 해 오시면서 나눈 정이 살갑게 느껴져 좀 뭉클하였다. 인생의 가을에 나에게는 어떤 벗이 있을까.

어두움을 지나서 – 야고보 수사님을 생각하며 11월 5일

어제 새벽 1시 30분경에 유 야고보 수사님께서 선종하셨습니다. 임종을 지켜 본 수사님의 전언에 따르면 그분이 남긴 마지막으로 하신 말씀은 "OK"였다고 합니다. 제가 간병할 때도 이 말씀을 간혹 하셨는데 그때마다 미소를 머금고 계셨습니다.

    어둠을 뚫고 야고보 수사님이, 깨어 기다리고 있는 형제들에게로 오셨습니다. 우리 모두 백 수사님 주례로 미사를 함께했습니다. 날이 밝아 오자 바오로 가족들이 모이기 시작했습니다. 해가 달로 바뀐 후에도 계속해서 이어졌습니다. 이 모습을 바라보던 야고보 수사님과 피를 나눈 형제분 중 한 분이 나지막이 "계속해서 오시네." 하셨습니다. 이 세상에서의 영원한 이별의 슬픔을 넘어서는 듯했습니다. 다시 어둠이 지나고 새날 빛이 우리 형제들의 온몸을 비춥니다. 각자의 위치에서 묵묵히 최선을 다하는 형제들에게.

귀한 당신   11월 7일

1년 전 이맘 때 어머니께서 돌아가셨다.

하루하루가 없어지는 것이 죽음인 것을…
주위 사람들의 모습이 하나둘…
이 세상에서 사라질 때 배운다.

수천 년 기다려서 온 귀한 당신
오늘은 왠지 창백해 보여요.
다소곳이 다문 입술
살며시 감은 눈
당신을 찾은 행렬은 늘고 늘어요.
그 손을 잡을 때 내 다리는 심하게 떨렸어요.
그래도 싫은 표정은 아니 하시고
무릎 꿇고 고개 숙여 작별을 고하는 나를
반갑게 맞아 주셨지요.
누구나 고통을 안고 살아가는가 봐요.
즐거울 때도 행복할 때도
스쳐 가는 당신 생각에
하늘엔 구름만 하얗게 피고
방금 지나 온 시간만큼 약해진 것을 알 수 있어요.

수도원 일기 ※ 살며 생각하고 느끼며

지금은 젊으니까 죽음이 '강 건너 불구경' 같아도 예상치 못한 죽음이 갑자기 다가오는 모습 앞에서 결국은 '약한 자'임을 받아들일 것이다.

이 삶을 11월 8일

왜 그런 말이 있지요
오늘 내가 사는 하루는
죽어 가는 어느 누군가에게는
죽도록 염원했던 시간이라는….

수도자의 삶도 그렇다는
생각을 했어요.
매일 똑같이
쳇바퀴 같은 삶이라는.
무표정한 느낌이 드는 때도
나의 이 삶이
그 누군가에게는
타는 듯한 목마름일거라는….

그런 친구를 만났어요.
아주 예쁜 친구를 통해서

제가 받은 선물인

이 삶을

예쁜 색으로 칠해야겠다는…

열심히 땀 흘려야겠다는…

생각을 했어요.

도깨비 가시　11월 10일

　오후에 뒷동산에 음식 쓰레기를 버리러 갔는데요, 담 너머에서 공이 넘어왔어요. 아이들이 공놀이를 하다가 어떤 힘 좋은 녀석이 찼는지 멀리도 날아왔더라고요. "아저씨, 공 좀 던져 주세요!" "그래, 잠깐만 기다려." 공은 풀들이 우거져 있는 곳에 떨어져 있었습니다. 공만 바라보며 갔는데 여기저기 엄청 따갑더라고요. 바지고, 상의고 온통 찔렸습니다. 그래도 아프다고 공을 안 주울 수도 없고… 헤치고 나가 공을 던져 주었지요. 그 시커먼 것들을 떼는 데 꽤 시간이 걸렸어요. 하마터면 저녁 기도 시간에 늦을 뻔했지 뭐예요. 그놈의 정체는 '도깨비 가시'라나…

　이런 이야기가 생각났습니다. 예수님은 '온몸에 가시를 두른 채 정신이 나간 아이를 진정시키려 당신 맨몸으로 꼬옥 안아 주신다.'는…. 그렇게까지는 아니었지만, 예수님의 모습을 닮아 가는 듯해서 뿌듯했습니다.

그림자 11월 14일

그림자…
나를 계속 따라오는 이놈과 함께 있기가 싫어
어떻게 해서라도 떨어뜨리기 위해
숨어도 보고 빨리 달려가 보기도 했지만
이놈은 언제나 나와 함께 있었다.
이 친구도 나의 모습이다.

그림자를 대하는 나의 태도는 어떠한가?
이젠 끌어안아 보고 싶다.

불 11월 15일

오전 나절에 불을 지폈다. 이 불은 고구마를 위한 것도 아니요 밤을 위한 것도 아니다. 그렇다고 추위를 이겨 내기 위한 것도 아니다. 떨어진 나뭇가지와 쓰레기를 태우기 위한 것이었다. 여름에 비해 한결 수월한 일이었다.
    한참을 바라보고 있자니 타오르는 불의 힘이 느껴졌다. 불이 지나간 자리에는 다만 흰 재만 남았다. 그 자리의 주인이 무엇이었는지 도저히 가늠하기 힘들었다. 이 불길이 내 가슴에도 자리 잡아 나를 휘감고 있는 정체 모를 그 덩어리를 불태워 주기를….

여백 11월 16일

글을 쓰는 것은
하얀 종이에 여백을
채워 가는 것이다.
자기의 생각을, 마음을….

오늘
하얀 종이에 새로운 점을 찍고 싶어졌다.
그리고 나의 이름만을 적어 놓고 싶었다.

이제까지 나를 채워 온 것을
모두 버리고
하얀 여백 속에 푹 묻히고 싶다.

생각 가는 대로 11월 18일

11월도 보름이 훨씬 지났다. 시간이 뭐 이렇게 빨리 지나가나. 이번

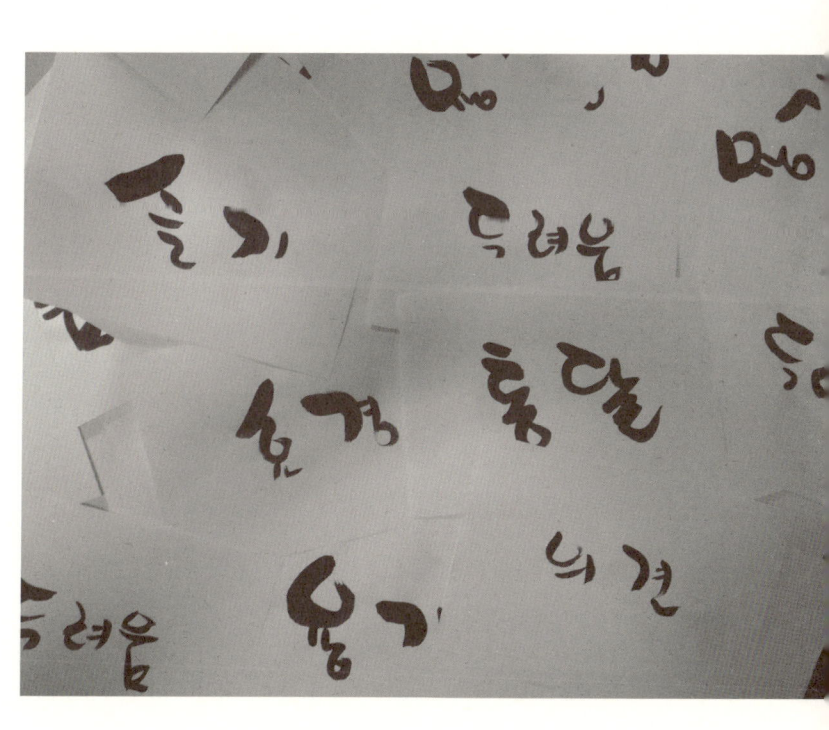

주 다음 주 지나면 대림 시기, 교회력으로는 벌써 연말이다. 지난번 갈릴래아 축제에 갔다가 작년에 같이 학교 다니던 순교복자수도회의 요한을 만났는데 무척 반가워하면서 "어, 눈가에 잔주름이 많아요." 하며 웃어 댔다. "이것도 하느님이 주신걸, 뭐." 하면서 같이 웃었는데 오늘은 거울이라도 한 번 봐야겠다.

오늘 협력자회 미사가 있어서 할머님들이 수도원에 많이 오셨는데 할머니랑 같이 온 꼬마가 막 말을 배우기 시작한 귀여운 말투로 나한테 "아저씨, 아저씨" 했다. 꼬마는 '글라라'라고, 본명이 프란치스코인 할아버지가 아이의 본명을 붙여 주었다는 것이다. 일본 애니메이션에 자주 나오는 꼬마 여자애들 말투처럼 그렇게 귀여운 말을 한다. "웅" 하고 대답하는 식으로.

언젠가 재미있게 본 '붉은 돼지'에 나오는 소녀(이름이 뭐였더라…)가 생각났다. 나는 그 장면을 정말 공감하며 보았는데, 거기 보면 조그만 소녀 아이가 해적들에게 마구 호통을 치고 나서 해적들이 다 흩어진 뒤에 막 떠는 장면이 나온다. 그 대목에서 나는 그 애니메이션을 만든 감독 미야자키 하야오에 대해 '아, 인간에 대한 이해가 깊은 사람이구나.' 하고 생각했다. 음, 어쩌다 보니 이상한 이야기로 흘렀군. 밤에 축구하고 씻고 와서 컴퓨터 앞에 와 앉으니 좀 정신이 없나 보다.

첫사랑 11월 20일

유치원에서 일하시는 어떤 수녀님 이야기이다.

어떤 개구쟁이가 수녀님한테 갑자기 물었다.
"수녀님, 수녀님의 첫사랑은 누구예요?"
"으음… 예수님!(당황한 나머지 거짓말이)"
"수녀님은 좋겠다."
"왜?"
"수녀님은 우리 모두의 첫사랑이잖아요."

시간은 흘러가고 계절도 바뀌고 요즘은 몹시 춥다. 낙엽들도 다 말라 발밑에서 버석댄다. 낙엽들 속에서 봄의 푸른 새싹을 기억하는 것. 이것이 첫사랑을 기억하는 것과 같지 않을까. 경당에 앉아 있어도 마음이 편하지 않고 분심에 휩싸여 마음이 불편할 때 수도원에 막 들어와 생생하게 뛰어다니던 아침과 저녁나절, 그때의 첫사랑을 기억한다.

마른 가지와 그루터기에도
봄이 오면 다시 싹이 트리라.
우리 첫사랑의 기억처럼….

깊은 눈길 11월 21일.

자캐오라는 이름이 정겹게 느껴지는 아침이었습니다. 자캐오는 예수님의 그 깊은 눈길을 받았습니다. 오늘 아침 묵상 시간 때 자캐오를 바라본 예수님의 그 깊은 눈길로 하루를 살아 보겠노라고 다짐했었지요. 사람들마다 약간은 쑥스럽게 갖고 있는 진실한 모습들, 따뜻하고 예쁜 마음들을 오늘 꼭 바라보며 지내보리라고 두 주먹 불끈 쥐었지요. 그러나 그렇게 하기 위해서는 내 안에서 먼저 예수님께서 자캐오를 바라보시듯이 나를 바라보고 계심을 깊이깊이 알아야 했습니다. 어느 정도는 되었지만 한계가 있더군요. 그래도 사람들의 속내에 있는 맑은 모습들을 믿고 보려 하니깐 밝아지는 하루였습니다. 내일도 다시 해 보렵니다.

뛰어넘기 11월 22일

이태백은 시성이고
한용운의 시는 아직도 사람들의 입에 오르내리고
이상의 시는 이해하기가 어려우나
그 또한 대단히 크게 칭송되고 있고
구약에서 소개되는 시편은 수천 년간
사람들의 마음에 머물러 묵상되고 있다.

그럼 나는 꽝이다.
'시꽝'.
시를 읽고 아직 큰 감흥을 가진 바가 없다.
윤동주의 '서시'와 서정주의 '국화 옆에서' 정도가
기억에 남아 있다.
그럼에도 내일 시 낭송을 하겠다고 자처하였으니.
참으로 이상하다. 내가 이리 무모해지다니.

바오로 사도와 예수님 또한 무모해 보이는 도전을 하셨지만, 두 분은 모두 그 무모함을 뛰어넘은 분들이다. 나에게도 이 무모함을 뛰어넘을 수 있는 그 무언가가 생기기를 바란다.

평생의 첫 하루가 있기도 전에 11월 23일

시든 국화꽃을 잔뜩 주워 방 책상 위에 놓아두었다. 방문을 열고 들어가면 국화꽃 향기가 사람을 맞는다. 나는 모르겠지만 한 형제의 말에 따르면 국화꽃마다 향기가 각기 다르다고 한다. 노랗고 하얗고 붉은 이 국화들이 그 색깔만큼이나 풍기는 향기가 다르다니 참 신비스럽다. 동산에 핀 국화들은 웃자란 꽃대를 어찌지 못하고 비스듬히 서거나 아예 누워 있는데도 화사한 꽃들을 많이 피웠다. 꽃들은 땅에 거의 닿을 듯이 누워서도 활짝 웃고 있는 것 같다.

평생의 첫 하루가 있기도 전에, 이 말을 깊이 생각한다. 나에 대해 생각하는 것. 나는 그저 나였을까. 내가 한 사람으로 생기기 전에 내 근원은 어디에 있었을까. 나는 어디에서 나왔을까. 시편의 한 구절을 빌려 화두로 삼고 생각하고 또 생각해 본다. 평생의 첫 하루가 있기도 전에… 평생의 첫 하루가 있기도 전에….

세상을 떠난 이들을 생각하다 11월 24일

작년에 학교를 같이 다녔던 수녀님의 소식을 인편에 들었다. 그 수녀님은 가끔씩 엽서로 소식을 전했고 성탄 같은 때에는 우리를 위해 9일 기도를 봉헌하고 있다고 적어 오기도 해서 정말 고마웠던 분인데, 오늘 소식을 들으니 아버지가 돌아가셨다고 한다. 이렇게 늦은 가을에 세상을 떠나신 분이 어떤 분일까 생각해 본다. 누군가의 아버지, 누군가의 남편, 누군가의 직장 동료, 누군가의 친구… 사람들과 여러 가지 관계로 맺어져 있던 사람이 그 모든 것으로부터 벗어나 하느님 앞으로 간다.

내가 살던 시골에서는 옛날식으로 장례를 지냈는데 초상이 나면 초상집에 차일을 치고 동네 사람들이 모여, 아주머니들은 상복 바느질을 하고 아저씨들은 돼지를 잡고 상여에 달 흰 꽃들을 준비하고 하느라 아주 분주했다. 우리 같은 꼬마들도 이리저리 음식을 장만하는 엄마들 사이를 오가면서 전이며 돼지고기들을 얻어먹었다. 대개 상여

앞에는 흰 천을 달고 거기에 저승사자를 그렸는데 그것은 저승길을 가는 망자의 여행을 편하게 하기 위한 것이었던 듯하다. 시골에서 낙서 꽤나 한다고 알려져 있던 나도 가끔 불리어 가 매직으로 저승사자를 그려 주곤 했다. 대개 칼이나 도끼를 들고 있기 일쑤이던 저승사자에게 기관총을 들려 주어 어른들의 감탄을 샀던 적도 있다. 상여가 동네를 돌고 산으로 가 묻힌 가을 오후에는 산길 여기저기에 흰 상여 꽃이 떨어져 있었는데, 늦은 오후의 햇살 속에 보이는 흰 종이꽃들의 모습은 아직 어린 내게도 비감한 느낌을 주기에 충분했다.

'오늘은 나, 내일은 너'라는 말처럼 죽음은 이 삶의 끝에서 우리를 기다린다. 세상을 떠나신 수녀님의 아버지께 하느님의 안식이 내리시기를….

「부엉이가 내 이름을 불렀네」라는 소설이 생각난다. 삶과 죽음이 그렇게 아름답게 그려진 소설도 흔치 않을 것이다. 그 소설의 말미, 마크 신부가 사고로 세상을 떠나자 장례식 날 밤에 마을의 늙은 조각가 피터는 생각한다. 그의 영혼이 작은 나비의 모습을 빌려 다시 이 마을에 돌아오리라고. 그때 그를 맞아 줄 이가 없다면 얼마나 쓸쓸할 것인가. 그래서 그는 자지 않고 기다린다. 어둠 속에서 하늘을 응시하며 그는 이야기한다. "여기 기다리고 있는 사람은 조각가, 늙은 피터입니다, 신부님." 세상을 떠난 모든 이가 하느님 안에서 평화의 안식을 누리시기를…. 아멘.

털모자의 사연 11월 27일

바람이 차서 아침에 나올 때 털모자를 꺼내 쓰고 왔지요. 털모자를 쓰니 그것을 떠 준 수녀님이 생각났답니다. 그때도 이맘때쯤이었던 것 같아요. 수녀님께서 무엇인가를 뜨시기에 "그거 다 뜨면 저 주세요." 했더니, 수녀님께서 이제 곧 마무리될 테니 그러면 주시겠다고 하셨어요. 그냥 장난삼아 한 말인데 진짜 주시더라고요. 내심 미안했지만 얼른 "고맙습니다!" 하고 가지고 왔지요.

분명 소중한 사람에게 선물할 모양으로 뜨신 것 같았는데… 저 같으면 '누군가에게 선물할 것'이라 하면서 다음에 주겠다고 했을 거예요. 수녀님의 가난하고 아름다운 마음이 지금도 느껴지네요. 저도 누군가 저에게 제가 가진 것을 달라고 했을 때 그렇게 선뜻 줄 수 있는 마음을 가졌으면 해요.

우리의 모습은 11월 29일

아프리카 그리스도인들이 다음과 같이 말했다고 합니다. "처음에 서양인들이 우리 땅에 왔을 때는 우리는 땅의 주인이었고, 그들의 손에는 성경이 있었다. 하지만 지금 그들은 땅의 주인이 되었고 우리의 손에는 성경이 있다."

오늘 수도원에 전기 공사가 있었습니다. 내일은 공사 관계로 정전도 있을 예정입니다. 우리들은 공사를 하러 오신 분들의 눈에 어떤 모습일까요?

침묵 11월 31일

경당에 와서 앉아 있다. 내가 침묵하면 다른 소리가 귀에 들어온다. 경당에 와 앉아 있는 지금도 벽지가 뜬 데서 소리가 나는 것인지 아니면 다른 소리인지 부스럭부스럭 소리가 나고 웽웽 하는 낮은 소리가 어디서 들린다. 내 숨소리를 느끼면서 마치 방안의 집기, 방석이나 탁자라도 된 듯이 그렇게 앉아 있다. 이 침묵이, 이 고요함이 좋다.

그리스도의 영혼

그리스도의 영혼은 저를 거룩하게 하소서.
그리스도의 몸은 저를 구하소서.
그리스도의 피는 저를 취하게 하소서.
그리스도의 늑방의 물은 저를 씻으소서.
그리스도의 수난은 저를 격려하소서.
오, 선하신 예수님, 저를 들어 허락하소서.
당신의 상처 속에 저를 숨겨 주소서.
저를 당신에게서 떠나지 않게 하시고
저를 악한 원수에게서 보호하소서.
저의 임종 때에 저를 부르시고
또 저를 당신께로 오게 명하시어
주님의 성인들과 함께
영원히 주님을 찬양하게 하소서. 아멘

(「바오로 가족 기도서」 89쪽)

그리고

구유 이야기

해는 숨은 지 오래되었고 이제는 별들이 이곳저곳에서 얼굴을 내밀기 시작했습니다. 그 별들 중에 세상 구경하기를 좋아하는 작은 별이 하나 있었습니다.

오늘도 세상 곳곳을 살펴보고 있었습니다. 그런데 오늘은 평소와는 다른 것이 하나 있었습니다. 어제까지만 해도 아무런 인기척도 느낄 수가 없던 곳에 많은 사람들이 있었습니다. 그곳에서는 어른들뿐 아니라 자신이 제일 좋아하는 꼬마들도 있었습니다. 그곳은 새벽녘에 은은한 종소리가 울려 퍼지곤 했던 언덕 위의 작은 성당이었습니다. 그 성당 마당에는 천사같이 귀여운 꼬마가 있었습니다. 어느 한곳을 한참이나 바라보다가 어머니 아버지로 보이는 사람들의 손을 잡고 언덕을 내려가기 시작했습니다. 그 별은 이 깊은 밤에 그 성당에서 무슨 일이 일어났는지 궁금해서 그들을 따라가기로 했습니다. 그들이 많은 인파들 속에서 벗어나자 그들의 대화를 분명히게 들을 수가 있었습니다. 그들은 구유에 대하여 이야기를 나누고 있었습니다. 올해의 구유가 예년에 비해서 멋지고 좋았다는 것이었습니다.

지금까지 한마디의 말도 하지 않던 꼬마가 "엄마, 아빠 오늘 아기 예수님의 눈이 참 예쁘지? 정말 살아 있는 사람 눈을 보는 것 같았어요."

새해 복 많이 받으세요

한 해 중 가장 넉넉한 웃음으로 사람을 대하며 온몸으로 인사를 나누는 명절, 설. 우리는 세배를 하는 자리에서 "새해 복 많이 받으세요!"라고 하며 서로에게 복을 축원합니다. 이 상서로운 기운은 친지를 넘어 마을로 퍼져나가 '나'가 아닌 '우리'가 되게 합니다. 이 어울림과 흥겨움은 한반도를 훈훈한 정으로 가득하게 합니다. 이 흥겨움은 졸리기만 한 책상머리에서가 아니라 마당과 들판에서 윷놀이 연날리기 등을 통해서 잘 드러납니다.

오래전부터 한반도는 이렇게 복된 날로 한 해를 시작하였습니다. 이 풍요로운 추억이 모든 이를 고향으로 이끌어 줍니다. 이 정겨운 풍경은 서로가 나누는 '새해 복 많이 받으세요'라는 인사말에서 시작됩니다. 이 인사말을 '복을 빌어 준다.'라고 하기도 하지요. 이 말을 가만히 보면 내가 지닌 바를 주는 것이 아님을 알 수 있습니다. 하늘은 스스로 돕는 자를 돕는다. 지성이면 감천이라는 말들을 통해서 이 복은 다름 아닌 하늘에서 오는 것임을 알 수 있습니다. 하늘에 대한 이러한 믿음은 힘들게 여겨지던 '사랑하라'라는 계명을 홀가분하게 해 줍니다. 내 안에 있지 않은 사랑을 힘들여 만들어 내놓는 것이 아니라, 하느님에게서 거저 받은 그 사랑을 이웃들과 나누면 되니까요. 그렇기에 주님의 멍에는 편하고 가볍습니다(마태 11,30 참조). 여러분 다들 새해 복 많이 받으세요.

침묵 안에 계신 예수님

신은 죽었다는 한 사람의 외침이 있은 후
신의 존재를 믿지 않아서가 아니라
아무리 목 놓아 외쳐 보아도 그 대답을 듣지 못하기에
그래 신은 죽었지 하며
하느님을 무시하면서 이 세상의 삶을 살아간다.
이런 예수님을 우리는 십자가의 길 특히 성주간에 만난다.

물을 포도주로 만드시고 폭풍우도 잠재우시며
허기진 5천 명에게 먹을 것을 나눠 주시고
죽은 이도 한 말씀으로 살리시던 예수님,
사랑하는 이를 살리기 위해
지구를 수십 바퀴 돌아야만 했던 슈퍼맨보다 강력하다.
원수들의 손에 넘겨진 이후 지금까지의 놀라운 행적은커녕
자신에 대한 거짓 증언 앞에서도 아무런 대답을 하지 않으신다.
예수님은 죽음보다 무거운 이 침묵 안에서
세상 안에서 가장 나약한 자로 자리하신다.
극적인 반전이다.
슈퍼맨은 목에 돌덩이 하나 걸침으로 평범한 사람이 되어
영웅적인 행동을 하지 못하고 악당들의 횡포에 시달린다.

이 침묵 안에서 예수님도 이루신 것이 없나?
어린 양의 거룩한 침묵 안에서 드러난 것은
질투, 배신, 비열함, 거짓, 폭력성 등 인간의 모든 죄악들이다.
그분은 이 모든 죄들을 온몸에 남김없이 짊어지고
십자가의 희생 제물이 되신다.
한 번의 속죄 제물이 됨으로 우리 인간을 하느님과 화해시켜 주신다.
그리고 부활의 희망을 인간에게 선사하신다.

침묵 안에서 주님은 우리 죄를 용서하시고 하느님께로 인도하신다.
주님의 이 침묵은 역동적인 침묵이다.

하늘을 향하여 신은 죽었다고 외치지 말고
이제 침묵 안으로 걸어가
나의 죄를 용서하시는 주님께
회개의 눈물과 감사의 미소를 봉헌하자.

믿음이 너희를 살렸다

우리는 하느님을 믿는 자라고 소개한다. 그런데 이 믿음은 참 고약하다. 고민을 거듭할수록 짙은 안개 자욱한 숲길을 더듬거리며 걸어가는 듯하다. 그래서 이 막연함을 덜어 내기 위해서 이 숲길에서 멀찍이 벗어나 이 길을 바라본다.

　어릴 적에 배가 고프거나 아플 때 혹은 무엇인가 아쉬울 때 '엄마' '아빠'라는 마법의 주문을 외운다. 우리는 이 주문을 통해서 수많은 어려운 고비를 넘어왔다. 그러다가 이 마법의 주문이 구속의 자물쇠로 다가오는 사춘기를 맞이한다. 이 시기에는 혼자의 힘으로 무엇인가 하기를 원한다. 어찌 보면 사춘기는 누군가에게 의존만 했던 어린 아이가 누군가의 든든한 의지처가 되어 가는 파징의 진환점이라 할 수 있겠다. 이 전환점을 돌고 나면 꿈을 향해 거침없이 달리는 패기로 가득한 청춘을 보낸다. 이때는 혼자의 힘으로 무엇인가를 할 수 있다는 자기 자신에 대한 확고한 믿음이 있다. 이 시기를 지나면서 아쉽게도 대체로 나 자신에 대한 믿음이 강해지기보다 세상이, 사람이 참 무섭다는 사실 혹은 내가 참 나약하다는 사실을 배운다.

　이 불안감에서 벗어나기 위해서는 무엇인가가 필요하다. 그렇다고 해서 어릴 때처럼 엄마 혹은 아빠라는 마법의 주문을 사용하기는 더 이상 어렵다. 세월의 흔적이 남긴 주름살과 함께 작아진 부모님의 모습이 눈에 아른거리기 때문이다. 부모님을 대신하여 나를 안전하게 지켜 줄 수 있는 그 무엇이 필요하다. 돈과 권력이란 놈이 눈에 확 들어온다. 이 씨앗은 자라, 권력과 돈을 가지면 나를 지킬 수 있다는 확신이라는 열매가 되어 가슴에 자리한다. 이 믿음은 우리를 쉼 없이 달리게 한다. 이 달리기는 끝을 모른다. 또 하나 특징은 이 경주에 참가한 모든 선수가 주변을 경계한다. 권력과 재력은 나보다 빠르거나 힘센 사람을 만나면 사라져 버리기 때문일 것이다. 또 다른 불안감이 나를 에워싸기에 계속해서 누군가를 경계하게 한다. 당연한 결과일지도 모른다. 삶의 수단인 돈과 권력이 목적이 되어 버렸기 때문이다.

  믿음이 없는 사람은 없다. 단지 믿음의 대상이 다를 뿐이다. 믿음은 모든 행동의 시작점이요 목적지라고 할 수 있다. 나의 믿음이 무엇이냐에 따라 나의 삶이 꾸려진다고 할 수 있다.

  자, 이제 안개 자욱했던 믿음의 길로 다시 들어가 보자. 하느님을 믿는 삶은 어떤 것일까? 하느님은 어떤 누구도 내게서 앗아 갈 수 없기에 불안감 없는 평화를 맛볼 수 있는 삶이다. 하느님을 믿는 삶이란 목적이 된 삶의 수단에서 나를 해방시켜 노예가 아닌 자유인으로 살게 한다. 이제 믿음을 통해서 온전한 사람이 되어 간다. 사람이 사람으로 보인다.

하느님을 믿는 우리는 참으로 행복하다.

그림자놀이

햇살이 좋은 학교 운동장에서 술래가 된 아이가 친구들의 그림자를 밟는 놀이를 하고 있다. 어제 전학 온 소년이 "이 놀이 언제까지 하니?"라고 묻는다. 이 소리를 들은 소녀는 이상하다는 듯이 바라보다 술래가 다가오자 "조금 지나면 알게 돼."라고 한마디의 말을 남기고 멀어져 간다. 그렇게 한동안 뛰어다니던 아이들이 갑작스레 하나둘 운동장을 떠나간다. 전학 온 아이는 고개를 갸우뚱거리며 집으로 가기 위해 뒤돌아서다가 고개를 끄덕인다. 자신의 그림자가 사라졌던 것이다. 하늘에서는 태양이 자신의 온몸을 구름으로 가린다.

아이들이 그림자놀이를 신나게 할 수 있는 것은 자신의 그림자가 선명하게 나타날 때이다. 태양이 자신을 환하게 비추어 줄 때이다.

그림자는 나 자신을 온전하게 살아가는 길은 나와 너 그리고 세상의 주인으로 살아가는 것이 아니라 그림자가 되는 것임을 일깨워 준다. 그리스도의 그림자가 된다는 것은 나 자신의 소멸이 아니라 나 자신을 보다 온전히 살아가는 것임을 깨우쳐 준다. 그림자가 짙어질수록 그리스도는 보다 분명하게 드러날 것이다. 달리 말하면 참자아 '나'가 바로 그 자리에 있을 것이다.

예수님의 그림자로 조용히 한생을 살아가신 요셉 성인과 성모님에게 이 소멸에 대한 두려움을 벗어던질 수 있는 힘을 길어 달라고 청해 본다.

겨울 이야기

아침에 눈을 떠 보니 산과 들이 하얀 솜털 옷으로 갈아입었습니다. 쇠똥이는 아침도 먹는 둥 마는 둥 하고 대문을 나섭니다. 벌써 친구들이 들판 위에서 뛰어놀고 있습니다. 쇠똥이의 입가에 행복함이 가득합니다. 아마 친구들과 눈밭에서 어울려 놀 생각에 기분이 좋은가 봅니다. 친구들과 눈밭 위에서 한참을 뛰어놀고 있는데 지나가던 아주머니들이 점심때가 되었으니 다들 집으로 돌아가라고 큰 소리로 외칩니다. 나지막한 말로 "어휴, 제 어미 고생하는 줄도 모르는 것들…" 하며 지나갑니다. 아이들이 놀이를 멈추고 점심 먹고 다시 만나자며 인사를 나눕니다. 환한 얼굴들이 차츰차츰 장마철 하늘 마냥 어둑어둑해집니다. 어떤 아이 입에서는 긴 한숨 소리마저 납니다. 인사를 나누다가 바지가 황토 빛으로, 잠바는 얼룩덜룩한 무늬로 물든 옷을 보았던 것입니다. 가을에 마당에서 힘차게 타작하던 어머니의 모습을 떠올리나 봅니다. 쇠똥이는 친구들의 속사정도 모른 채 싱글벙글합니다. 그 때 한 할아버지께서 "참 저 놈들 자기 먹을 복은 타고 났어." 하시며 허허 웃고 계십니다. 아이들이 서 있던 그 아래 보리가 꿈틀꿈틀하고 있었던 것입니다. 순간순간 눈에 담긴 모습들이 가슴에 무엇으로 다가오는지요.

어제 친구를 하늘로 보내고 마을 어귀를 돌아서 오는 길에 눈밭을 뛰어다니는 손주 쇠똥이 모습을 보고 몇 년 전의 일이 떠올랐다.
  봄볕이 좋은 어느 날, 대문 앞 공터에서 뛰노는 아이들의 소리가 단잠을 깨웠다. 그 단잠이 얼마나 아쉬웠던지 화가 치밀어 오르기 시작했다. 한걸음에 달려 나가 호통을 치고 돌아왔다. 그것으로도 성이 차지 않아, 다음 날 그 공터에 거름을 쌓아 올렸다. 냄새 때문에 힘들다는 가족들의 만류에도 불구하고. 그리고 며칠이 지난 어느 날, 낮잠을 자다 눈을 떠 보니 손주 쇠똥이가 자신의 배 위로 엉금엉금 기어올라 방긋방긋 웃고 있는 것이 아닌가. 그 미소가 내 입가로 옮아왔다. 다음 날 문밖 공터에 있던 거름 더미뿐만 아니라 돌덩어리까지 정리했다. 얼마 후 쇠똥이 집 문밖에서 아이들의 소리가 나기 시작했다. 마을 아이들과 헤어지고 온 손주의 얼어붙은 손을 꼭 쥐고 집으로 향한다.

돌덩어리 같은 마음이 든든한 반석이 되었네.
주 예수님 어서 오소서.
우리들의 마음에.

길이요 진리요 생명이신 스승 예수님,

저희에게 자비를 베푸소서.

사도의 모후님,

저희를 위하여 빌어 주소서.

성바오로 사도님,

저희를 위하여 빌어 주소서.

복자 야고보 알베리오네와 디모테오 자카르도,

저희를 위하여 빌어 주소서.

모든 죄악에서,

주님 저희를 구하소서.

(「바오로 가족 기도서」 15쪽)